KB078378

디지털 게임의 미학

온라인 게임 스토리텔링

차례

Contents

스토리텔러 되기

미디어의 역사는 스토리텔링의 역사라 할 수 있다. 책, 영화, 라디오, 텔레비전, 인터넷 등 새로운 커뮤니케이션 테크놀로지가 등장할 때마다 그에 걸맞는 이야기와 스토리텔링 방식이 매번 시도되었기 때문이다. 물론 만화가 텔레비전 드라마로, 혹은 인터넷 소설이 영화로 제작되는 것처럼 이야기는 다양한 미디어를 서로 오갈 수 있다. 그러나 각각의 미디어는 저마다 고유한 스토리텔링 방식이 있고, 그것이 인간에게 주는 본질적인 즐거움은 따로 존재한다.

테크놀로지가 개발되면 그것은 단지 기술적, 기능적 차원의 활용에만 그치지 않는다. 인간은 새로운 테크놀로지를 이용하여 새로운 이야기를 만들어낸다. 영화가 그러했고, 텔레비전이 그러했으며, 인터넷을 비롯한 다양한 디지털 미디어 역시 인터랙티브 영화, 모바일 영화 등 이전에는 볼 수 없었던 새로운 형식의 이야기를 보여주고 있다. 새로운 커뮤니케이션 테크놀로지는 이야기에 대한 인간의 욕구를 새로운 방식으로 만족시켜주는 것이다.

사람들은 스토리텔링과 관련하여 디지털 테크놀로지가 가져온 가장 큰 변화 중의 하나로 상호작용성을 꼽는다. 상호작용성은 여러 가지 의미로 풀이될 수 있지만, 게임과 관련해서는 일방적으로 이야기의 내용을 보거나 듣는 것이 아니라, 주인공을 선택할 수도 있고, 이야기의 진행 방향을 변경시킬 수 있는 것과 같이 서로 양방향적인 커뮤니케이션을 할 수 있는 가능성을 뜻한다. 얼마나 관여할 수 있느냐에 따라 하이퍼텍스트 소설처럼 링크되어 있는 이야기 조각들을 단순히 선택해 나가기도 하고, 게임처럼 주인공도 내가 선택하고, 주인공이 하는 행위도 내가 직접 해야 하는 경우도 있다. 상호작용성으로 인하여 읽고, 보고, 듣는 등의 일방적인 이야기 수용행위가 이제는 우리가 선택하고, 조작하여 새로운 이야기를 생성하는 행위로 확장되고 있는 것이다.

상호작용성은 한 편의 이야기라는 이야기의 범위에도 변화를 가져왔는데, 대표적으로 컴퓨터 게임은 영화나 소설과는 달리 이야기가 종료되는 시간이 유동적이고, 이야기 속의 내용도 누가 게임을 했느냐에 따라 달라진다. 따라서 이제 이야기는 남이 들려주거나 보여주는 것이 아니라 실제로 벌어지는 사건을 목격해 혹은 스스로 이야기를 만들어감으로써 얻게 되는 개인적인 체험이기도 한 것이다.

이는 로렐(Laurel)[1]이 상호작용성을 '무대에서 연기하는 것과 같은 경험'이라고 이야기한 것과 유사하다. 객석에서 수동적으로 연극을 관람하던 관객이 이야기가 벌어지고 있는 무대 안으로 들어가 배우들과 함께 연기하는 존재로 바뀌는 과정에서, 컴퓨터는 무대 혹은 극장(computer as theater)과 같은 의미를 갖는다.

다시 말해 컴퓨터 게임 속에서 일어나는− 서로 싸우고, 괴물을 잡고, 다른 사람을 사랑하고, 배신하는− 행위는 나의 선택과 행위를 전제한 것이며, 남에게 보이기 위한 것도 아니다. 즉, 게임은 우리에게 이야기의 주인공이 되도록, 이야기의 전개 과정을 선택할 수 있는 스토리텔러가 되도록, 그리고 동시에 그 이야기의 독자나 관객이 되도록 만들어준다.

더욱이 온라인 게임에 이르러서는 게임의 구조 자체가 다른 게이머와 함께 하도록 이루어져, 혼자 게임을 하기보다는 다른 사람들과 팀을 구성할 때 그 게임이 더 효율적이고 재미있어진다. 사람과 사람의 만남이 전혀 예기치 못한 일을 발생시키는 것처럼, 온라인 게임에서 이야기는 그러한 우연과 예상하지 못한 사건을 포함한다. 그렇기 때문에 게임 내 상황은 게임개발자에 의해 미리 인위적으로 설계되기보다는 게임 속에서 사람들이 어떤 관계를 맺느냐에 따라 달라진다.

특히 다사용자 온라인 롤플레잉 게임의 경우 다른 어떤 게임 장르보다 현실 세계와 유사하다. 실제 현실은 아니지만 현실과 아주 유사할 뿐만 아니라 게임을 하는 사람에게는 현실만큼 혹은 현실보다 더 사실적인 세계가 다사용자 온라인 롤플레잉 게임의 세계이다. 그러한 특징은 게임 속에서 일어나는 이야기에 대해 새로운 시각에서 바라볼 것을 요구한다. 다사용자 온라인 롤플레잉 게임에서 이야기는 어떻게 만들어지는지, 그 이야기가 갖는 서사적 본질은 무엇인지 살펴볼 필요가 있는 것이다.

따라서 이 글에서는 다사용자 온라인 롤플레잉 게임을 중심으로 그 장르의 특징을 정리하고, 다사용자 온라인 롤플레잉 게임에서 나타나는 고유한 스토리텔링 양식이 무엇인지 살펴보고자 한다.

MMORPG의 특징

다사용자 온라인 롤플레잉 게임(이하 MMORPG: Massively Multiplayer Online Role Playing Game)은 동시에 수천 명 이상의 게이머가 인공적으로 구현된 게임 속의 가상 현실세계에 접속하여 각자의 역할을 맡아 하는 온라인 게임을 말한다. 일반적인 롤플레잉 게임은 내가 직접 움직이는 캐릭터(PC: Play Character) 이외의 등장인물은 모두 컴퓨터가 움직이는 NPC(Non Player Character)인데 반해, MMORPG는 내가 움직이는 캐릭터뿐만 아니라 게임에 등장하는 캐릭터 대부분이 플레이 캐릭터이다. 수천 명이 동시에 접속해서 움직이는 게임일 경우 MMORPG라고 불리며 우리가 일반적으로 말하는 온라인 게임을 일컫는 말이다.[2] 「리니지」「바람의 나라」「뮤」「라그나

로크」「울티마 온라인」「월드 오브 워크래프트」 등이 그러한 예이다.

MMORPG의 효시는 문자를 중심으로 한 온라인 게임의 형태였던 문자형 머드(MUD: Multiple User Dungeon 혹은 Multiple User Dialogue)에서 찾아볼 수 있다. 1980년 영국의 에섹스 대학에서 처음 시작된 머드게임은 수십에서 수백 명에 달하는 게이머가 동시에 접속하여 문자로만 하는 게임으로, 자신들이 만들어낸 캐릭터의 특성과 움직임을 풍부한 상상력을 동원하여 묘사해가는 최초의 온라인 게임이었다.

국내 최초의 상용화된 한글 문자 기반의 머드게임은 1994년의 「쥐라기 공원」이며, 국내 최초의 그래픽 MMORPG는 넥슨의 「바람의 나라」다. 넥슨이 한국 IBM으로부터 지원을 받아 1994년말부터 개발에 착수하여, 1996년 4월에 모습을 드러낸 「바람의 나라」는 기존의 머드와는 달리 캐릭터의 모든 상황과 메뉴가 그래픽으로 구현된 그래픽 머드형태였다.

컴퓨터 기술의 발달로 문자 기반의 머드게임은 그래픽과 음향이 강조되는 게임으로 발전하게 되었으며 이러한 새로운 국면에 들어선 MMORPG는 과거 일부 특수 계층에 한정되어 이용되었던 문자 중심의 머드게임과는 달리 빠르게 대중화되었다.

MMORPG는 기본적으로 일반 컴퓨터 게임이 지닌 특성을 공유하고 있을 뿐만 아니라 네트워크를 기반으로 하여 영속적인 가상의 세계를 창조해내고 있다는 독특한 특징을 지닌다.

따라서 MMORPG는 혼종성, 공간성, 구조적 개방성, 현실의 모사, 사이버 정체성의 구현 등으로 그 특징이 정리될 수 있다.

혼종성

컴퓨터 게임이 음향이나 그래픽을 넘어 동영상까지 제공할 수 있는 기술적 능력을 갖추게 되면서, 다른 기존의 미디어를 재매개(remediation)하고 있다. 즉, 게임이라는 뉴미디어는 기존 미디어의 표현방식을 자기만의 방식으로 이용하거나 변형시키고 있는 것이다. 특히 컴퓨터 게임은 적극적으로 디지털 미디어의 멀티미디어적 특성을 활용하고 있는데, 멀티미디어성은 말 그대로 문자, 영상, 음성 등 여러 종류의 정보가 하나의 미디어 시스템 내에서 수렴되고 유통이 이루어지는 것이다. 이 멀티미디어성은 문자, 음성, 화상 등 모든 정보를 동등하게 처리하는 디지털 정보의 특징에 기인하며, 디지털 미디어에서 이미 존재하는 다양한 미디어의 표현 양식을 동시에 표현하는 것을 가능하게 하는 요인이기도 하다.

MMORPG의 경우도 동영상을 통해 영화의 측면을, 말풍선이나 자막 등을 통해 만화의 관습을 그리고 어떤 경우는 도입부에서 문자를 통한 줄거리 설명을 통해 소설의 형식을 빌려오고 있다. 이러한 측면은 컴퓨터 게임이 지닌 기본적인 혼종성을 설명해주는 것이다.

볼터(Bolter)와 그루신(Grusin)[3)]에 따르면 어떤 미디어라도 다른 미디어와 고립되어 존재할 수는 없다고 한다. 뉴미디어에서 새로운 것은 미디어 그 자체가 아니라 뉴미디어가 기존의 올드미디어를 새롭게 개조하는 방식, 즉 재매개에서 찾아볼 수 있다는 것이다.

재매개의 과정에서 뉴미디어는 기존 미디어의 내용을 그대로 수용함으로써 단순히 전달방식의 변화를 의미하는 수준에서 시작하여 자신의 고유한 특징을 반영하는 새로운 표현양식을 채택하는 등 궁극적으로 기존 미디어를 재매개하는 단계에 이른다. 예를 들어 영화는 처음에 연극을 카메라로 찍어 영상화하는 형식이었다고 한다. 그러던 것이 편집, 카메라 앵글, 조명 등 영화만이 할 수 있는 표현방식을 개발해내면서 영화만의 고유한 특징을 지닐 수 있게 된 것이다.

디지털 미디어의 경우 음성, 영상, 문자 정보를 통합적으로 처리할 수 있다는 점에서 재매개에 더 공격적인 양상을 보인다. 그러나 그 과정은 기존의 미디어를 완전히 지우지 못하며, 디지털 미디어는 이미 존재하는 다른 미디어의 바탕 위에서 존재하게 된다. 디지털 미디어는 다양한 미디어의 특징과 기능을 통합하면서 동시에 기존 미디어들을 개조시키는 것이다. 재매개의 개념은 새로운 미디어가 자신의 고유한 특징을 활용하는 독특한 표현양식을 창출해냄과 동시에 기존의 표현방식과 문화적 양식에 의존함을 제시해준다는 점에서 의미가 있다. 즉, 어떤 유형이든 새로운 미디어의 표현 양식은 일종의 혼성체로, 기존의 관습과 새로운 양식의 조합이다. 따라서 뉴미디어의 장르는 혁신적(revolutionary)이면서 동시에 진화적(evolutionary)인 성격을 갖는 것으로 이해할 수 있다.

이처럼 존재하는 모든 표현물은 이전의 표현물과 밀접한 관계를 맺고 있다. 기본적으로 재매개의 원리는 뉴미디어 장르의 혼종성을 설명해준다. 새로운 미디어는 다른 미디어에서는 존재하지 않았던 새로운 장르의 발생을 지원하거나 기존 올드 미디어의 표현 양식을 답습하는 경향을 보이는 것이다.

MMORPG의 경우 문자와 이미지, 이미지와 음성 등 정보 형식상의 결합 외에, 게이머들이 서로 채팅창을 통해 다양한 방식으로 커뮤니케이션을 진행함으로써 기존에 존재하는 인간의 커뮤니케이션 양식을 혼합하고 있다. MMORPG에서 게임을 한다는 것은 기본적으로 게임 인터페이스를 통해 다양한 게임 요소들과 상호작용하는 것이며, 여기에 다른 게이머와의 다각적인 커뮤니케이션 행위가 덧붙여지고 있기 때문이다.

현재 최고의 접속자수를 자랑하고 있는 「리니지」 시리즈와 「월드 오브 워크래프트」 같은 MMORPG의 경우 게이머는 키보드를 통한 채팅이라는 언어적 수단과 마우스로 조작하는 게임 속의 캐릭터의 행동이라는 비언어적 수단을 통해 다른 게이머들과 상호작용한다. 이들 게임에서 게이머들은 일반대화, 귓속말, 길드나 파티대화, 외치기 등의 대화창을 통해 다른 게이머들과 소통할 수 있다. 전체 채팅창이나 일반 대화창에서는 일반적인 인사말, 개인적인 이야기들, 게임 정보, 게임 내에서 도움을 요청하는 등 여러 가지 내용이 교환된다. 또한 귓속말은 남이 엿듣기가 불가능하기 때문에 다른 사람이 들어서는 안 되는 내용, 예를 들어 다른 게이머를 공격하기 위해 작전을 짠다거나 하는 상황에서 이용될 수 있다. 또한 길드대화나 파티대화를 통해 자신이 속한 길드와 파티원들과 배타적인 대화를 나눌 수도 있다. 「월드 오브 워크래프트」에 있는 '외치기'는 일종의 소리치기 방법으로 일반 대화창에 비해 넓은 지역에 있는 사람들에게 의사를 전달할 수 있는 기능이다. 이처럼 MMORPG에서는 채팅과 캐릭터 행동의 조종이라는 언어적, 비언어적 수단을 통해 게이머들 간의 커뮤니케이션이 이루어진다.

문자와 영상, 음향 등을 함께 경험할 수 있다는 것은 느낌과 감각, 감성의 혼용이 가능해짐을 의미하는 것이기도 하다. 아날로그 시대의 모노미디어는 감각능력을 분절하고, 특정한 감각능력을 강조하였다. 특히 다른 어떤 감각보다 시각을 강조하였지만 멀티미디어성의 구현은 눈에 집중되었던 인간의 감각능력을 다양한 감각기관에 소구하여 독특한 감각양식의 결합을 가능하게 한다. 이로 인해 게임을 한다는 것은 보고, 듣고, 읽는 행위만이 아니라 그 모든 것을 합한 것이 된다. 특히 MMORPG에서의 게임하기는 정신적인 것임과 동시에 육체적인 것이고, 개인적임과 동시에 집단적인 복잡다단한 성격을 갖는다.

공간성

MMORPG의 특징 중 일부는 게임만의 독자적인 고유한 것이기도 하며, 또한 일부는 영화와 같은 장르로부터 전수받은 것이거나 기존의 것을 변형한 것이다. 컴퓨터 게임이나 인터랙티브 영화의 경우 같은 영상을 담고 있다고 할지라도 유사한 장르인 영화와 전혀 다른 방식으로 이용될 뿐만 아니라 이야기의 구조가 달라지며, 보는 사람의 기대와 만족도 그리고 사회적 의미가 다를 수밖에 없다.

영화에서 미장센, 조명과 같은 영상 스타일의 문제는 영화의 시각적 특성을 반영한 것이다. 컴퓨터 게임 역시 관련 기술의 발달에 힘입어 영화의 그래픽에 필적할만한 영상이 창조되는 등 시각적 측면이 강조되고 있다. 그러나 영화가 배경을 묘사한다면 컴퓨터 게임은 우리가 움직여 돌아다닐 수 있는 가상공간으로서 영상이 제시된다.

특히 그래픽 기술의 발달로 대중화되고 있는 3D 게임의 영상은 X, Y, Z의 세 가지 좌표축을 중심으로 영상이 프로그램화됨으로써 평면적으로 관찰되는 영상 외에, 시각적으로 볼 수 없는 면이 영상 자체 내에 포함되게 된다. 평면적인 2D 영상의 경우 보이는 것만이 영상의 전부였다면, 디지털 3D 영상은 여러 각도에서 조망할 수 있을 뿐만 아니라 가시적인 영상의 형태를 끊임없이 변화시킬 수 있다. 그런 의미에서 영상은 더 이상 완성된 상태로 고정되어 불변하는 존재가 아니라 게이머가 어떻게 보느냐에 따라 계속 변화하는 것이며, 또한 하나의 영상이 무수히 많은 다른 영상을 포함하고 있는 잠재적인 영상들의 조합으로 새로운 의미가 생성되기도 한다.

따라서 이 영상은 보는 것이 아니라, 게이머가 그 안에 존재하는 영상이며, 참여하여 조작할 수 있는 대상의 하나이며, 또한 3차원 그래픽 구현을 통해 캐릭터의 시선 방향을 바꿀 수 있고, 줌인(zoom in)과 줌아웃(zoom out)을 통해 게이머가 필요에 따라 변형시킬 수 있는 그러한 영상이다. 따라서 게임의 영상 관습(visual convention)은 공간의 제시, 게임 내 인터페이스, 게이머의 시점 등에 따라 달라진다.

영화에서 관객에게 제시되는 이야기 공간은 화면 위에 실제로 드러나 보이는 세계의 부분일 뿐이다. 그러나 그 부분적인 이야기 공간이 함축하고 있는 것은 극중 인물이 볼 수 있는 모든 것이며, 관객에게는 화면을 벗어난 모든 것, 극중 인물에 의해 암시되는 것이다. 즉, 영화에서의 공간이 일반 사람들이 실제 생활에서 경험하는 공간과 구별되는 차이점은 화면이라는 틀에 의해 수행되는 자의적인 절단이 이루어진다는 점이다. 실제 생활은 영화와 달리 '카메라에 비춰진 만큼'이라는 공간 제한의 틀이 없으며, 단지 우리의 시야가 도달할 수 있는 범위에 따른 점층적인 한계만이 있을 뿐이다. 실제 생활에서는 카메라가 강제하는 공간만을 보는 것이 아니라 고개를 돌리는 단순한 행위를 통해 주변의 사물들과 공간을 파악할 수 있다.

게임 실행자들은 이러한 실제 생활 같은 공간 인식을 MMORPG에서도 경험할 수 있다. 컴퓨터 게임에서 영상은 공간 자체가 되거나 적어도 공간의 메타포를 제시하기 때문이다. MMORPG에서 게이머는 캐릭터를 통해 게임의 세계, 즉 영상 속을 둘러보아야만 그 공간을 파악할 수 있으며 영화에서처럼 카메라에 의해 이루어지는 영상 틀에 의한 규격화와 절단은 존재하지 않는다. 게임 세계가 공간에 있어 물리적 제한이 있어 유한한 것일 뿐, 게이머는 원하는 대로 영상 내부를 돌아다닐 수 있으며, 그 안을 구석구석 탐사할 수 있다.

　이 과정에서 시점의 다각성이 제기된다. 먼저 게이머의 시선과 주인공 캐릭터의 시선을 일치시킴으로써 캐릭터의 공간 인식을 게이머에게 그대로 전이하는 일인칭 시점을 들 수 있다. 일인칭 시점의 경우 상당수의 삼차원 액션 게임에서 채택되어 게이머의 몰입을 강화해 준다. 또한 탑 뷰(top view)에서 쿼터 뷰(quarter view)에 이르는 삼인칭 시점 역시 게이머에게 보다 입체적인 공간감을 부여해 공간으로서의 컴퓨터 게임의 영상의 특징을 강조하는 장치라 할 수 있다.

　미국의 블리자드사에서 2004년 개발한 「월드 오브 워크래프트」는 게임을 시작한 게이머가 삼인칭 시점으로 게임을 할 것인지 혹은 일인칭 시점으로 할 것인지를 선택할 수 있다. 또한 게임 플레이 과정에서 수시로 일인칭과 삼인칭 시점을 전환함으로써 게이머는 매번 다른 공간감을 경험할 수 있다.

MMORPG의 공간적 영상을 굳이 영화 용어를 써서 표현하자면 원 테이크(one take)[4] 장면으로 연속성의 미학을 따르고 있다. 처음부터 끝까지 컴퓨터 게임은 3차원 공간에서 연속적인 궤도를 보여준다. 영화 영상에서 보이는 것과 같은 몽타주[5]가 없기 때문에 컴퓨터 게임의 영상은 물리법칙에 의해 보장되는 인간 경험의 연속성을 모사하는 것이다. MMORPG와 같이 다양한 공간이 이음새 없이 하나의 가상공간으로 혼합되는 디지털 영상은 연속성과 공간성이라는 디지털 영상 미학의 좋은 예라 할 수 있다.

구조적 개방성

컴퓨터 게임이 갖는 특징 중의 하나는 그 구조 자체가 게이머의 상호작용을 받아들이기 위해 열려져 있다는 점이다. 개스페리니(Gasperini)[6]는 이러한 특징을 게임의 구조적 모호성(ambiguity)이라 지칭한다. 그에 따르면 서사물에는 다양한 차원의 모호성이 존재하는데 텍스트의 모호성(textual ambiguity), 해석적 모호성(interpretive ambiguity), 그리고 구조적 모호성(structural ambiguity)이 그것이다.

텍스트의 모호성은 표면적인 의미와는 다른 것을 지칭하는 어구나 단어 등 은유로 대표되는 모호성이다. 이는 언어와 언어 외적 사실의 일 대 일 대응이 불가능한 데서 오는 틈에 기인하는 것이기도 하다. 해석적 모호성은 어떤 배우는 햄릿을

우유부단한 내성적인 인물로 연기할 수 있고 또 다른 배우는 오이디푸스적 갈등에 무능하게 분노하는 희생자로 연기할 수 있는 것처럼 작품 자체가 다양한 방식으로 해석될 수 있음에 주목한 것이다. 한편 구조적 모호성은 게임과 같은 인터랙티브 미디어에서 나타나는 것으로 이야기를 형성해가는 과정에서 게이머가 수행하는 역할로부터 생겨난다. 이는 컴퓨터 게임의 이야기가 게이머의 참여가 없으면 존재하지 않을 뿐만 아니라 게이머에 따라 변형될 수 있는 속성을 의미하는 것이기도 하다.

이러한 컴퓨터 게임의 구조적 모호성과 관련하여 컴퓨터 게임에 존재하는 틈을 하이퍼텍스트 이론가인 랜도우(Landow)[7]는 게이머가 메워야 하는 구멍(hole)으로 언급하였고, 사이버텍스트 이론 주창자인 아세스(Aarseth)[8]는 특히 어드벤처 게임을 지목하여 게이머가 행하는 모든 반응이 그 구멍에 맞는 것이 아니라 게임마다 각자 요구하는 특정한 반응만이 들어맞는다는 점에서 열쇠구멍(key hole)으로 설명한다.

또한 게이머의 관여가 허용되는 컴퓨터 게임의 구조를 설명하는 것으로 게임의 계열체적 특징이 지적되기도 한다. 컴퓨터 게임에서는 이야기를 이루는 요소들이 게이머의 선택과 조합을 기다리는 상태로 나열적으로 제시된다. 게이머가 개입하기 전의 게임은 이야기 요소들이 아직 이야기로 만들어지지 못한 채 모여 있는 것으로, 이들의 관계는 임시적(tentative)이다. 즉, 게임은 게이머에게 일련의 가능성으로만 제시되다 게이머의 선택과 수용행위에 의해 그 이야기가 실제로 모습을 드러내는 것이다.

컴퓨터 게임을 이론화하는 데 기여한 아세스는 이를 텍스톤(texton)과 스크립톤(scripton)의 개념을 들어 설명한다. 그에 의하면 텍스톤은 게이머에 의해 활용될 수 있는 이야기의 기본 재료이며, 스크립톤은 각 게이머들이 선택한 일련의 텍스톤들로, 게이머에 의해 실제 이야기 속으로 편입된 것을 가리킨다. 결국 컴퓨터 게임은 텍스톤으로 존재하다 게이머가 게임을 수행하면 각 개별 게이머마다의 스크립톤으로 이루어진 새로운 게임으로 재탄생되는 것이다.

따라서 컴퓨터 게임에서는 전통적인 이야기와는 다른 배경 이야기, 공간, 아이템 등의 요소가 큰 비중을 차지한다. 게이머는 이러한 요소들의 조합을 통해 생성되는 파편화된 이야기 조각들을 연결하고 조합해 새로운 이야기를 구성해낼 수 있는 가능성을 갖는다. 결국 컴퓨터 게임은 이러한 잠재적인 요소들의 계열체적 구성체로 게이머의 선택에 따라 다양한 이야기가 만들어질 수 있다.

이상과 같은 논의는 컴퓨터 게임이 갖는 구조적 개방성을 다양한 방식으로 설명해주는 것이다. 게임은 게이머가 관여할 수 있는 틈으로 구성되어 있으며, 게이머는 실제 행동을 통해 그 틈을 메워 간다. 이 과정은 게이머의 개별적인 행위에 의존하기 때문에 각 게이머가 구체화한 게임은 극히 개인적인 것이 되는데, 이러한 상황은 게이머가 구현한 이야기 자체를 비

물질화시키는 디지털 미디어의 전자적 특징에 의해 가능한 것이기도 하다. 컴퓨터 게임에서 게이머가 구체화한 이야기는 그것을 선택하는 순간에 존재할 뿐이며 선택한 직후에 그것은 데이터베이스 속으로 다시 배열된다. 그렇기 때문에 그 이야기는 게임 행위 과정에서 발생하는 주관적 체험의 성격이 강하다. 이러한 주관적 체험의 측면은 게임이 적극적인 참여나 이용의 도구로 작용한 결과이다.

게이머는 끊임없이 게임 속에 개입하고 그 게이머의 결정 구조에 따라 게임의 한 부분이 새로 만들어지거나 변형되기도 하는 것이다. 이로 인해 컴퓨터 게임은 이야기의 시작은 존재할 수 있으나 결말 혹은 결말에 이르는 과정이나 단계는 전적으로 게이머의 선택에 의존하는 등 고정되지 않은 열린 구조를 지닌다.

그러나 이러한 게임의 구조적 개방성이 온라인 게임에서는 또 다른 양상으로 나타난다. 온라인 게임 특히 MMORPG는 게이머가 메워야 하는 틈으로 구성된다기보다는 그 자체가 하나의 세계로 게이머가 살아가는 지속적인 공간의 의미가 더 부여되는 것이다. 즉, 이 과정을 통해 게임은 공통의 상징과 기호들을 사용하는 게이머들 간의 커뮤니케이션을 바탕으로 새롭게 등장하는 공동체로서도 의미를 부여받게 된다. 따라서 전체 게임에서 설정하고 있는 틈을 메우는 문제는 부차적인 것이며, 이용들이 맺는 사회적 관계가 오히려 중요해진다.

더욱이 MMORPG는 게임의 시작과 끝이 존재하지 않을 뿐만 아니라 게이머가 접속할 때마다 게임 상황이 바뀌는 등 게이머와 관계없이 독자적인 시간의 흐름과 규칙에 의거한다. 그렇기 때문에 MMORPG의 세계는 지속적인 세계로 규정되며, 그러한 세계에 기반을 두어 게이머가 구현하는 개별적인 게임 이야기는 수많은 게이머들의 상징적 상호작용을 바탕으로 한 언제나 변화 가능한 역동성을 지닌다.

현실의 모사

하나의 세계로 표현되는 MMORPG는 낮과 밤의 구분을 통한 시간의 흐름, 비가 오거나 그림자가 지는 날씨의 변화 등 현실 세계의 물리적인 측면들이 그대로 구현된다. 자연환경의 구성과 같은 실제 우리가 살고 있는 세계의 모습을 비슷하게 재현함과 동시에 생명력이 다하면 기절하거나 죽고, 물 속에서는 숨을 못 쉬어 견디지 못하는 등 거기에 작용하는 규칙들로 인해 MMORPG의 세계는 현실과 유사한 것으로 보인다. 물론 MMORPG는 현실에서 존재할 수 없는 '오크', '엘프', '언데드' 등의 종족이 존재하고, 마법을 부리는 인간, 동물로 변하는 인물 등 판타지적인 성격이 강하다. 또한 게임으로서 게임의 세계를 운영하는 고유한 법칙, 즉 일종의 알고리즘이 존재한다. 이 알고리즘은 MMORPG 내의 종족 간의 관계, 직업선택의 자유, 아이템의 이용 방법 등에 작용하여 게이머의 행위를 제한하기도 한다. 이것은 게임을 현실이 아니라 게임

답게 만드는 장치들이다.

그러나 MMORPG가 수천 명 이상의 게이머가 공존하는 가상의 세계가 되면서 점점 더 현실의 원리와 사회적 법칙들이 반영되는 경향이 나타난다. MMORPG에서는 가상 사회에서의 이름, 성별, 직업 등을 정하고 적과의 싸움에서 주어진 임무를 수행해 가면서 경험을 쌓게 되고 경험이 쌓이면 레벨이 올라가 보다 강력한 힘을 부여받게 된다. 이러한 과정 속에서 사이버 명성이 구축되고 빈부의 격차가 생기며 권력을 가진 자가 그렇지 못한 자를 억압하고 착취하는 현상이 나타나는 것이다. 또한 힘없는 캐릭터는 부와 권력을 가진 자를 동경하며 살게 된다.

MMORPG에서 부와 권력을 지니고 있다는 것은 그만큼 게임 세계에 시간적 혹은 물질적 투자를 많이 했음을 의미하는 것이다. 게임 숙련도가 높을수록 게임 레벨이 높아지고 높은 게임 레벨은 칼이나 방패, 갑옷과 같은 아이템을 통해, 그리고 힘을 통해 게이머를 게임 세계의 위계에서 상위 계층을 차지하게 해준다.

또한 게임 내의 혈맹과 같은 하부 공동체에서도 군주나 지도자가 되기 위해서는 게임하기에 많은 시간을 투자해야 한다. 그러다보니 게임을 통해 일종의 사회생활을 하는 양상이 나타난다. 심지어 현실 세계에서 생활하는 것보다 더 많은 시간을 MMORPG라는 가상의 세계 속에서 보내기도 한다. 그 과정 속에서 게이머들은 자연스럽게 게임의 규범과 가치관을

내면화하게 되고 게임 속의 요구가 현실에서 삶의 양식을 대체할 정도로 강력한 힘을 발휘한다. 실제로 게임에서 성을 빼앗기 위해 혈맹들이 싸우는 공성전이 예정되어 있으면 학교를 가야한다거나, 집에 제사를 지내야한다거나 하는 실제 삶의 중요한 일정들이 무시되기도 한다. 이는 게이머에게 게임 속의 삶이 현실을 능가할 정도로 현실성과 중요성을 획득했음을 의미하는 것이며, 또한 현실과 마찬가지로 '관리하고 투자하지 않으면' 사회적 자원을 얻을 수 없음을 보여주는 것이기도 하다.

그렇기 때문에 MMORPG는 게임 공간에서의 게임 행위가 종종 실제 현실 세계의 행위로 이어져서 사회적 우려와 관심의 대상이 되기도 한다. 게이머들은 게임 속에서 보다 빨리 높은 레벨이 되기 위해서 게임 속에서의 돈을 현금으로 사기도 하고 게임 속의 아이템 분쟁이 현실에서의 폭력적 해결로 이어지기도 한다.

물론 MMORPG는 게이머 간의 커뮤니케이션과 사회적 관계를 만들어갈 수 있는 기본적인 장치들을 제공할 뿐 아니라 게이머들 간의 사회적 관계에서 생겨나는 갈등과 분쟁의 해결 장치들도 존재하고 있다. 예를 들어「리니지」에서는 다른 게이머 캐릭터를 죽이는 행위를 한 캐릭터에 대해 캐릭터의 성향치가 바뀌고 상거래 행위의 제약, 경비병에 의한 처벌 등의 제약을 주고 이 캐릭터를 죽이거나 또는 다른 게이머 캐릭터를 죽이지 않는 캐릭터에게 보상을 줌으로써 게임 내의 부정

적인 행위들은 게이머들이 조절할 수 있도록 하고 있다.9)

　MMORPG에서 게이머는 일종의 파벌이나 분파, 길드에 해당하는 단체를 만들어 남과 함께 살아가기도 하고 마음이 맞으면 결혼까지 가기도 하는 등 현실에서와 유사한 경험을 할 수 있다. MMORPG는 더 이상 단순한 게임이 아니라 실제를 반영하고 모사하는 경향을 보이고 있는 것이다. 남을 속이고, 사기나 살인 등 범죄를 저지를 뿐만 아니라 도움을 주고받는 감동적인 미담이 소개되기도 하는 등 서로 미워하고 사랑하는 삶의 모든 모습들이 그대로 재현되고 있기 때문이다. 이 과정에서 자연스럽게 그 공동체에서 통용되는 규범이나 가치체계가 만들어지고 게이머들은 그것을 내면화하게 된다. 이는 MMORPG의 세계가 인간의 모든 삶의 모습이 담겨져 있는 또 다른 사회라는 데 기인한다. 이런 점에서 MMORPG의 설계는 일종의 현실 사회의 설계와 비슷한 모습을 띠게 된다.

　더욱이 MMORPG는 게이머가 게임을 떠나도 계속되며, 게이머가 한 번 관여하여 발생한 상황을 지우거나 취소할 수 없는 일회성을 지니고 있기도 하다. 게이머가 게임을 종료하고 가상공간을 떠나 나와도 마치 우리의 현실이 한 개인의 참여 여부와 상관없이 지속적으로 진행되고 있는 것처럼 다른 게이머들에 의해 가상의 세계는 진행되어 나간다. 그래서 게이머가 다시 그 세계로 돌아가면 그 간에 그 세계는 흘러가고 있었음을 알 수 있다.

　이러한 MMORPG 게임 세계의 지속성은 현실 세계가 갖는 물리적 시간의 흐름을 공유하게 하면서 게임 세계가 객관적으로 존재하는 것으로 인식하게 한다. 또 한편 게임 세계가 영속된다는 것은 게이머들끼리 관계가 지속적으로 이어질 수 있는 조건이 되고, 게이머들 사이의 다양한 관계와 활동들이 지속되면서 온라인 게임 세계의 사회적 특성들이 발전되어 감을 의미하는 것이다. MMORPG는 지속적인 게임 세계 속에서 게이머들 간의 상호작용이 활발히 그리고 계속해서 일어날 수 있는 요소들을 만듦으로써 온라인 게임 속에서의 사회적 특성들이 발전될 수 있도록 한다.

MMORPG가 지닌 사회성은 게이머들 간의 소통과정 중에서 게임 세계 속의 상황을 현실로 인식하게 한다. 즉, 게임이 게이머 개인의 실제 경험이 되고, 게이머는 게임 상황을 허구로 받아들이기보다는 그 속의 삶을 채택하여 또 다른 현실로 받아들이기도 한다. 따라서 게이머들은 물리적 세계의 현실과 가상공간을 통한 가상적 현실이라는 복수의 리얼리티가 존재하는 세계 속에서 살아간다. 게이머들은 게임 안에서도 현실 사회의 관계 양상에 따라 행동하면서, 특정한 행동의 규범, 위계적 사회관계와 같은 사회적 특징들을 구성해낸다. 이는 게이머들이 실제 현실의 리얼리티 범주를 통해 가상적 리얼리티를 코드화하는 모습을 보이는 것이다. 결국 게이머는 게임이라는 가상공간을 물리적 현실과 유사하게 다룸으로써 그 두 세계는 좀 더 가까워지고 서로를 반영하며 실제로 비슷해지는 것이다.

사이버 공간은 본질적으로 물리적 현실 세계의 고유한 특성들로부터 자유로울 수 있다. 그러나 사회적 공간으로서의 사이버 공간은 닫힌 공간으로 홀로 존재하는 것이 아니라 인간의 문화, 지식, 그리고 가치들 속에서 존재하는 것이다. 그리고 그 공간은 현실을 살아가는 게이머들에 의해 창조되고 유지된다는 점에서 물리적 세계의 영향으로부터 완전히 자유롭지 못하다.

사이버 정체성의 구현

사이버공간은 현실공간에서 살아가는 사람들에게 자신의 정체성을 실험하고 새로운 정체성을 탐색할 수 있는 기회를 제공한다.

머드의 게이머들이 게임의 가상공간에 몰입해서 자신의 육체를 망각하는 과정에 대해 육체와 정신이 분리되는 설명까지 보태지면서 머드 공간은 현실과 비슷한 공간이 아니라 또 다른 현실성을 지닌 공간이 된다. 즉, 머드게임은 지시 대상이 없고 기호가 현실을 대체하는 일종의 모사(simulation)로 해석되는 것이다. 이와 같은 포스트모던 이론들을 바탕으로 터클(Turkle)은 머드 게이머들과의 심층 인터뷰를 통해서 머드에서 정체성의 문제와 머드게임이 그들에게 어떤 의미를 가지고 어떤 기능을 하는가에 대한 분석을 시도하였다. 사이버 정체성 연구 전문가인 터클은 사이버상에 떠다니는 ID나 아바타 뒤의 정체가 우리의 상상과 언제나 일치하지 않는다는 점을 잘 꼬집어낸 연구자로, 터클에 따르면 머드에서 게이머의 정체성은 분열, 다변화, 과장된다고 지적한다.[10] 이러한 머드에서의 정체성 문제가 MMORPG에서도 논의될 수 있는데, MMORPG는 머드와 마찬가지로 게이머들에게 특정한 역할을 맡아 그 역할을 중심으로 의사소통하고 행동하게 하는 역할 수행(role playing)이 기본적으로 전제되어 있기 때문이다.

사이버 상에서는 성별, 인종, 계급과 같은 생물학적 정체성의 기본 요인이 정체성을 확립하는 데 큰 의미를 지니지 못한다. 사이버 상에서 개인의 존재는 물리적인 육체의 현시가 아니라 생각을 서로 교환하고 의견을 나눔으로써만 의미를 부여받는다. 그 과정에서 개인의 정체성은 자신을 어떻게 구성하고 또 얼마나 드러내는지에 따라 자율적이고 유연하게 형성되는 측면이 강하다. 이로 인해 사이버스페이스는 규제받지 않는 자유로운 정체성(uncensored identity)을 촉진하는 것으로 평가된다.

물론 이 과정은 개인의 개입 정도, 이용방식, 커뮤니케이션의 종류에 따라 매우 다양한 스펙트럼이 형성된다. 현실의 정체성과 비교적 유사한 정체성을 유지하는 경우에서부터 서로 완전히 대립되는 형태에 이르기까지 다양한 정체성의 구성이 이루어지기 때문이다. 가상세계에 대한 몰입도가 강하고 사회적 규정력으로부터 자유로울수록 새롭고 보다 다양한 정체성이 형성될 개연성이 크다고 하겠다.

MMORPG는 이름 그대로 게이머들에게 '역할 놀이'를 허용하기 때문에 자기 자신의 다양한 모습을 바꿔볼 수 있다. 더욱이 MMORPG가 지닌 사회적 성격은 게이머로 하여금 자신의 캐릭터가 지닌 진영, 종족, 성별, 직업에 의해서만 동일시되도록 하는 것이 아니라 MMORPG 내에서 사회 위계상의 특정한 계층으로 편입시킨다. 얼라이언스와 호드라는 양 진영의 대립을 기본 설정으로 하는 「월드 오브 워크래프트」에서 남자 게이머는 얼라이언스와 대치하고 있는 호드 진영의 오크 종족으로, 오크 중에서도 여자라는 성별의 도둑으로 살아갈 수 있다. 또한 캐릭터마다 다른 성격을 부여할 수 있는 장치를 통해 전투에 능한 도둑인지, 암살에 능한 도둑인지로 분화될 수 있다. 그런데 캐릭터가 지닌 물리적인 속성에 의해서만 이렇게 정체성이 형성되는데 그치지 않고, 게이머들은 힘과 권력을 지닌 길드의 지도자로 혹은 힘없는 백성으로도 살아가게 된다. 게임 내에서 게이머는 현실의 자신과 너무나도 다른 모습으로 존재하는 것이다. 이것은 MMORPG의 세계가 한 판으로 끝나는 게임이 아니라 두고두고 이어지는 지속적인 세계이기 때문에 가능한 것이다.

새로운 자아를 시도하는 과정에서 게이머들은 자신도 몰랐던 새로운 모습을 드러내기도 한다. 게임 공간에서는 게이머 스스로가 선택한 인물로만 나타나며, 자아의 창조가 너무나 쉽게 창조되고 변형될 수 있기 때문이다. 따라서 정체성이라는 개념도 모호해지게 된다. 정체성이란 개인을 서로 서로 다른 인물로 만드는 일관성을 의미하는 것인데, MMORPG에서는 한 명의 게이머가 얼마든지 다양한 정체성을 새로 구성할 수 있다는 점에서 일관성이 무의미해지는 것이다. 즉, MMORPG의 세계는 익명성이 허용되는 공간이며 익명성을 바탕으로 보다 자유롭게 타인과 접촉하는 곳이다. 게이머는 MMORPG의 세계에 여러 개의 인물로 참여할 수 있으며, 각 인물의 정체성은 여건에 따라 임의적이며 언제나 변경이 가능해진다.

그렇기 때문에 온라인상에서 정체성은 고정되고 일관된 것이 아니라 다원적이고 이질적이며 유동적인 것으로 변화하게 된다. 그렇다고 이 정체성이 서로 분리되어 있는 것은 아니며, 자신에 대한 인식을 기반으로 오히려 자신을 집합적인 자아(collective self)로 경험하게 된다. MMORPG는 정체성의 구성이나 재구성에 관해 사회적인 실험을 할 수 있는 중요한 장소가 되고 있는 것이다.

MMORPG 스토리텔링의 이해

상호작용성과 서사성의 문제

컴퓨터 게임의 경우 상호작용성과 서사성의 작용이 분명하게 나타나는 것으로 평가된다. 물론 컴퓨터 게임은 게임이라는 일종의 놀이를 위한 것이지, 이야기를 위해 고안된 것은 아니다. 또한 1985년 러시아의 알렉스 파지노프가 개발하여 전 세계적인 열풍을 일으킨 「테트리스」와 같이 허구적 이야기가 존재하지 않아도 그 자체만으로도 강력한 게임이 존재하기도 한다. 그런 의미에서 볼 때 게임에서 이야기는 필수적인 조건이 아닐지도 모른다. 그러나 컴퓨터 그래픽은 물론 관련 기술이 발달하면서 그리고 게임 산업과 문화가 성숙하면서 다른 어떤 특성보다 서사적 특징이 강조되고 있다. 이로 인해 게임 무비(game movie) 혹은 무비 게임(movie game)이라는 혼성장르가 출현하고 있는 등 이야기 요소가 중요한 위치를 차지하고 있다. 게임에서 이야기는 게임 행위를 보다 더 흥미 있는 것으로 만들어줄 뿐만 아니라, 게임의 구조 자체가 그래픽을 비롯하여 게이머의 역할, 인터페이스의 설정 등에서 이야기가 전제되어야만 일관성을 유지할 수 있기 때문에 그 중요성이 더해지고 있다.

게임 플레이 과정에서 게이머는 불가피하게 이야기를 경험하거나 혹은 게이머 스스로 이야기를 구현하는 경향이 강조되고 있는 것이다. 그런데 MMORPG는 네트워크에 의해 게이머들이 서로 소통하고 지속적으로 관계 맺을 수 있기 때문에 그 상호작용성과 서사성을 논의함에 있어 기존의 컴퓨터 게임과는 다른 차원의 이해를 요구하고 있다.

그 동안 상호작용성은 주로 게이머가 특정한 이야기를 일방적으로 수용하기보다는 이야기 내용과 상호작용하여 의미를 구성해낸다는 해석 차원에서 부분적으로 논의되었을 뿐 그 이상의 주목을 받지 않았다. 그러나 MMORPG와 같은 새로운 장르가 게이머와 미디어, 게이머와 콘텐츠, 그리고 게이머들 간의 커뮤니케이션 등 다양한 차원의 상호작용을 지원함에 따라 게이머의 커뮤니케이션 행위 유형 자체가 새롭게 주목받고 있는 것이다. 그렇기 때문에 뉴미디어 장르의 새로운 점은 장르 내용과 형식의 신선함에 있다기보다는 그것이 이용자와 맺는 관계의 차별성에 있다고 논의되기도 한다.

게임하기는 순간적으로 판단하고 직접 몸을 움직여 인터페이스를 제어하는 과정을 포함한다는 점에서 영화나 텔레비전을 수용하는 행위와 다르다. 컴퓨터 게임은 영화나 소설과 같이 깊이 있는 의미를 위한 미디어물이라기 보다는 게이머의 퍼포먼스와 관련을 맺는 것으로 평가된다. 게임을 하는 것은 정신적인 동시에 육체적인 경험으로, 현재 시점에서 실시간으로 일어나는 사건과 경쟁하고 이에 적극적으로 참여하는 것이다. 여기에는 긴박함과 직접성, 육체적 자극이 필연적으로 수반된다.11)

따라서 컴퓨터 게임의 경우 흔히 장르 구분이 액션, 어드벤처, 롤플레잉, 시뮬레이션 등 게이머가 컴퓨터 게임 내에 어떤 방식으로 관여하는지를 중심으로 이루어진다. 이는 컴퓨터 게임에서 강조되는 것이 게이머가 읽어내는 내용적 차원이 아니라 게이머들이 게임을 어떻게 이용하느냐라는 행위 차원임을 시사하는 것이기도 하다.

그렇기 때문에 게이머가 게임을 이용하는 행위 혹은 게임하기에 대한 논의들을 살펴보면, 유형 구분이 대부분 게이머와 게임의 상호작용 정도 등의 양상에 따라 이루어지고 있다.

먼저 상호작용의 정도에 따른 논의12)에서는 상호작용의 수준을 세 단계로 나누어, 가장 낮은 수준의 상호작용을 데이터와의 상호작용으로 보고 있다. 이는 컴퓨터 게임에서 벽돌을 격파하거나 퍼즐을 푸는 정도의 상호작용으로, 대부분의 액션 게임 혹은 아케이드 게임과 어드벤처 게임에서의 상호작용이 이 범주에 속한다. 게이머의 게임행위가 이야기 내용의 틈을 메워나가 종국에는 이야기를 완성하는 양상이 가장 뚜렷하게 나타나는 유형이라 할 수 있다.

두 번째 수준의 상호작용은 과정(process)과의 상호작용으로, 단순히 데이터에 반응하는 것이 아니라 게이머가 게임 내의 자원을 다루어보는 과정에 개입하게 된다. 시뮬레이션 게임 및 롤플레잉 게임이 이 범주에 해당한다고 할 수 있다. 이 경우 앞의 유형보다 훨씬 더 많은 자유도가 주어지지만 오프라인 게임 상황에서는 이 역시 게임을 완성하는 일련의 행위라 할 수 있다.

마지막으로 가장 높은 수준의 상호작용은 게이머의 자유의지가 최대한 반영되는 것으로, 이 유형의 상호작용이 가능한 게임에는 이미 프로그램된 퍼즐을 풀거나 임무를 수행하는 게임이 아니라 게임은 단지 환경으로만 작용할 뿐 각 게이머의 개인적 의도와 의지가 발휘될 수 있는 MMORPG가 가장 근접해 있다고 할 수 있다. MMORPG 게임에서 게이머는 게임 개발자가 설정해놓은 임무를 수행함으로써 일련의 틈을 메워나가기도 하지만 다른 게이머와의 지속적인 사회적 관계를 맺음으로써 게임의 설정과는 전혀 관계없는 가상의 삶을 살기도 하기 때문이다.

이처럼 게임하기는 운동감각적인 행위 차원을 넘어 게임의 내용을 변형함으로써 새로운 의미를 구성해내는 과정에 더 초

점이 맞추어져 논의되기도 한다. 게이머는 게임 인터페이스를 이용하여 사건이 발생하도록, 즉 자신이 의도한 행위가 스크린 안에서 해석되고 재생산되도록 해야 한다. 영화와 같은 미디어의 수용자가 지각이나 정신적인 행위로 영화에 반응할 따름이라면 게임의 게이머는 액션의 방향, 그리고 게임 자체를 구성, 재구성하며 그 과정에서 스토리를 경험하거나 스토리를 생성해낸다.

MMORPG에서는 끊임없이 이야기가 만들어지는데 게이머는 게임 세계에서 자신이 겪은 사건들, 구체적으로 다른 게이머들과 함께 괴물을 사냥하기 위해 원정대를 만들어 전투를 벌였던 경험이나, 성을 두고 혈맹들이 싸움을 벌이는 공성전에 대한 것 등의 이야기를 창조해내고 경험할 수 있다.

이것은 전통적인 영화의 관객이 사건을 바꾸기보다는 이해하는 능력을 지니고 있으며, 영화로부터 자신을 분리시키면서도 영화가 제시하는 세계를 전체적으로 조망하는 위치를 차지하는 것[13]과는 분명히 다른 것이다.

물론 많은 게임이 형식상 구성에서 단순한 액션과 스펙터클로 이루어지고, 캐릭터나 아이템과 같은 게임의 요소들은 목적을 위한 도구나 시각적 효과를 위한 수단으로 작용하는데 그침으로써 혹은 게임의 구조가 이미 특정한 행위와 답을 전제하고 있는 틈으로 이루어짐으로써 게임의 내용 자체가 파편적이고 거기서 파생되는 의미가 빈약하다는 지적이 제기되기도 한다.

그러나 MMORPG에서 게이머가 경험하는 게임의 내용은 지극히 유동적인 것이며, 게임 이야기의 완성이나 결말이 완전히 달라지는 등 거기서 파생되는 이야기는 애초에 게임 개발자가 정해놓은 틀을 넘어서는 완전히 새로운 것이 되기도 한다.

MMORPG 스토리텔링의 전제

MMORPG에서는 상호작용성을 통해 허구적 세계가 허구성을 탈피, 구체화적 세계가 창조된다. 게이머의 참여와 게임 시스템의 반응이라는 인터페이스 구도 속에서 이야기를 생성해 가는 것이다. 따라서 전통적인 이야기물이 이미 발생한 사건을 서술하는 형태인데 반하여, MMORPG는 상호작용을 통해 확보되는 현재 시점의 사건을 다루며 이야기는 그와 동시에 진행되는 사건의 연결에 의해 이루어진다.

영화와 같은 전통적인 이야기물에서 관객은 스크린, 프로젝터와 같은 상영기구들과의 동일시 과정을 통해 영화에 몰입되는 존재로 논의된다. 그러나 MMORPG에서 게이머와 인물의 동일시는 영화에서의 시점이나 감정이입의 측면보다 더 실제적이고 구체적인 것이다. 게이머 스스로 인물을 조종하거나 그 인물이 되어 허구의 세계에 참여하기 때문이다. 즉, 게임에서 게이머는 일련의 공식적(formulaic) 요소로부터 사건을 구현하고 또 가상의 세계에서 벌어지는 사건들을 실제로 목격함으로써 자신만의 이야기를 경험하게 된다.

전통적인 서사물에서 이야기가 특정한 시점에서 서술되며, 이 특정한 시점에 수용자들을 동일시하도록 유도함으로써 영향을 행사한다면, MMORPG에서는 게이머에게 주인공의 시점을 부여한다. 이는 기존의 특정 시점을 택하는 동일시 방식에서 실제적인 행동으로 게이머를 이동시키는 것이다. 즉, MMORPG에서는 이야기하는 주체가 현재 속에서 이야기를 만들어가는 것이라 할 수 있다. 게이머가 이야기에 개입하는 순간은 이미 발생한 사건에 대한 설명, 즉 완성된 이야기를 수용하는 것이 아니라 현재 발생한 사건 혹은 현재 시점에서 이루어지고 있는 이야기를 경험하는 시점이다.

이처럼 MMORPG에서는 이야기를 이루는 사건에 대한 전반적인 통제가 게이머에게 전이됨으로써 게이머는 이야기 구성에 대한 일정한 권한을 갖게 되는 것이다. 그렇다고 해서 게이머가 저자로서 갖는 위상이 컴퓨터 게임의 최초 저자의 역할이 감소되었다거나 혹은 원 저자가 사라졌다는 것을 의미하는 것은 아니다. 오히려 원 저자의 중요성은 다른 방식으로 더 강조된다. 여기에서 저자 혹은 게임 개발자의 역할이라는 것은 단순히 하나의 완성된 이야기나 장면 장면을 창조해내는 것이 아니다. 그보다는 머레이(Murray)[14]가 지적한 바와 같이 다양한 이야기가 생성될 수 있는 일련의 규칙들을 설정해주는 위치로 혹은 가능한 서사적 세계를 창조하는 위치로 옮겨질 뿐이다. MMORPG는 디지털 시대의 이야기, 이야기의 저자,

이야기의 수용자를 다른 맥락에서 이해할 필요가 있음을 보여주는 것이다.

MMORPG에서는 내용에 대한 직접적인 통제가 가능하기 때문에 이야기의 구성에 게이머의 개별적인 선택을 반영할 수 있다. 즉, 게이머마다 다양한 이야기를 구축할 수 있는 것이다. 이러한 특징은 MMORPG에서 상호작용적 가능성과 서사성의 충돌과 타협이라는 문제를 제기한다.

인터랙티브 스토리텔링의 체계에 대해 탐색을 시도한 머터프(Murtaugh)[15]는 컴퓨터 게임과 같이 상호작용이 가능한 디지털 내러티브의 기본적인 속성으로 다음과 같은 내용을 제시한다. 디지털 내러티브를 이루는 특징들 중 첫 번째는 내러티브 의도(narrative intention)가 유지되어야 한다는 점이다. 저자가 전하고자 하는 이야기 내용과 의도가 충분히 반영되어야 하되, 이러한 의도가 게이머의 서사 경험에 방해가 되어서는 안 된다. 즉, 디지털 내러티브는 게이머로 하여금 내러티브가 구성하는 허구적 세계에 몰입(narrative immersion)할 수 있도록 해야 한다.

한편 디지털 내러티브는 이야기를 고정되고 미리 정해진 구조의 제한으로부터 벗어나도록 할 수 있지만, 이것이 디지털 내러티브가 어떤 구조도 가지고 있지 않음을 의미하는 것은 아니다. 따라서 내러티브 구조(narrative structure)는 디지털 내러티브에서 상호작용의 경험이 단조롭고 반복적인 것이 아니라 강약의 측면을 가진 다채로운 것이어야 함을 뜻한다.

또한 디지털 내러티브에서는 게이머의 조작에 대해 의미 있는 반응이 유발되는 등 상호작용 메커니즘(narrative response)이 활성화되어야 한다. 아울러 게이머의 선택에 따른 개별적인 내러티브의 구축이 가능하다 할지라도 이야기의 일관된 흐름을 유지하는 골격(narrative guidance)이 중요하다는 점이 강조된다.

위와 같은 다섯 가지의 기본 속성은 디지털 내러티브가 게이머의 다양한 상호작용을 반영해야 하고 동시에 서사성을 확보해야 함을 뜻한다. 그것은 또한 디지털 내러티브가 추구해야 할 바를 보여주는 것이기도 하다.

이러한 속성은 디지털 내러티브의 일종인 MMORPG가 전통적인 이야기물과는 다른 이야기 요소 및 구조적 특징을 갖는 것과 연결된다. MMORPG가 상호작용을 요구하는 구조라는 것은 기본적으로 이야기 구성에 있어서도 이러한 상호작용을 할 수 있는 특징이 전제되어야 하는 것이다. 결국 특정한 이야기 구조와 거기에서 작용하는 상호작용성의 긴장관계가 MMORPG의 독특한 특징을 구성해내는 것이다.

이와 관련하여 먼저 MMORPG의 이야기 요소들은 통합체와 계열체의 두 차원에서 논의될 수 있다. 통합체는 이야기 요소들의 조합으로 저자에 의해 구성된 순서대로 각 요소들이 배열됨으로써 드러나는 것이며, 계열체는 다른 비슷한 유형의 요소들로부터 선별된 것이다. 따라서 통합체적 차원의 요소들은 현존과 관련되어 있는 반면 계열체적 차원의 요소들은 부재와 관련이 있다.

다시 말해, 소설이나 영화와 같은 전통적인 이야기물에서 구체적인 이야기를 이루는 문장, 쇼트, 장면들은 실질적인 존재이지만, 창작자의 상상세계나 특별한 문학적 영화적 스타일을 형성하는 다른 요소들 – 계열체들 – 은 가상적으로만 존재한다. 이와 같이 전통적 이야기물에서 통합체는 실재이고 계열체는 상상의 것이다. 따라서 이야기가 구성되는 계열체 선택들의 집합은 함축적인 반면, 실제 이야기는 창작자에 의해 구현됨으로써 명시적이 된다.

그러나 MMORPG는 이 관계를 역전시킨다. MMORPG에서 실제 게이머들이 체험하는 이야기, 즉 통합체는 제각기 다른 것이며 이야기에 대한 체험의 방식도 객관적인 것이 아니라 주관적인 형태의 것이다.

이러한 특징으로 인하여 MMORPG에서는 전통적인 이야기물과는 다른 배경 이야기, 공간, 아이템 등의 이야기 요소가 게임 내에서 비교적 큰 비중을 차지한다. 전통적인 이야기물에서는 사건 외의 다른 이야기 구성요소로는 일반적으로 배경과 인물이 논의된다. 그러나 상호작용이 가능한 내러티브, 특히 MMORPG와 같이 사건의 발생 자체를 게이머의 행위에 의존하고 있는 경우 이야기는 배경, 인물과 같은 전통적인 내러티브의 이야기 구성 요소는 물론 게이머의 행위에 서사적 의미를 부여해주거나 게이머가 조작할 수 있는 대상물이 이야기의 구성에서 중요한 역할을 하게 되는 것이다.

즉, MMORPG에서 이야기 요소들은 게이머의 조합을 기다리는 상태로 제시됨으로써 이야기를 구성할 수 있는 일련의 가능성으로만 존재한다. 게이머는 배경 이야기, 인물 및 아이템과 같은 이야기 요소들을 조합하여 이야기를 생성해낼 수 있으며, 이야기는 게이머가 다른 게이머와 어떤 사회적 관계를 맺느냐에 따라 달라지기도 한다.

MMORPG에서 이야기 요소들은 게이머에 의해 선택되고 배열되어, 이야기를 구성하는 상호작용적 장치로 각각의 의미와 이야기를 담게 된다. 배경, 인물은 물론 옷이나 칼에 이르는 모든 대상물들에까지 특정한 이야기가 설정되어 있다. 따라서 각각의 모든 이야기 요소들은 이미 하나의 이야기가 되는 것이다. 게이머는 이러한 이야기 요소들의 조합을 통해 생성되는 파편화된 이야기 조각들을 연결하고 조합해 다양한 이야기를 구성해낼 수 있는 가능성을 갖는다.

MMORPG는 이러한 잠재적인 이야기 요소들의 구성체로, 게이머의 선택에 따라 다양한 이야기로 만들어질 수 있다. 따라서 MMORPG에서 실제 게이머들이 체험하는 이야기는 제각기 다른 것이며 그에 대한 체험의 방식도 객관적인 것이 아니라 주관적인 형태의 것이다.

MMORPG 스토리 장치에 대한 이해

MMORPG에서 스토리 장치는 배경, 인물, 아이템과 같은 존재물이다. 이 존재물들은 통합체적으로 서로 얽혀있거나 관련되어 제시되는 것이 아니다. 일정한 순서나 위계 없이 게임 속에 배열 혹은 잠재되어 있으며, 이것을 이야기로 만드는 것은 게이머의 몫이다.

게이머는 위의 요소들을 조합, 재조합하면서 전체 이야기를 구성하게 된다. 이러한 계열체적 구조와 상호작용으로 인해 게이머마다 각기 다른 내용의 이야기가 만들어지고 게임의 이야기는 게이머의 선택과 조작에 따라 끊임없이 변형가능성을 갖는다. 그 과정에서 캐릭터, 아이템을 비롯한 다양한 이야기 요소들은 게이머의 지속적인 선택과 결정을 요구하는 중요한 상호작용적 이야기 장치로 기능하는 것이다.

MMORPG에서 게이머는 잠재되어 있는 이야기 요소들을 드러냄으로써 이야기를 구성하는 것이다. 따라서 구현된 이야기는 기호들의 안정된 집합으로 객관화된 실체를 갖는 것이 아니라, 게이머와 일련의 이야기 요소들 간의 역동적인 조우의 산물로 주관적인 체험의 형태로 존재한다.

이러한 상황에서 MMORPG의 이야기 요소들은 인물과 배경에 주로 한정되는 전통적인 이야기물과는 달리 흔히 전사(前史)로 명명되는 배경 이야기와 공간, 인물, 아이템 등 게이머가 이야기를 구성하는 데 필요한 일종의 존재물이라 할 수 있는 이야기 장치가 포함된다.

배경: 역사와 공간

전통적인 이야기물에서 배경은 이야기의 시공간적 배경이자 등장인물이 존재하는 공간으로, 그 기본적인 기능은 이야기의 분위기를 구성해주는 데 있다. MMORPG의 경우 배경은 등장인물이 존재하고, 이야기의 분위기를 설정해주는 장치를 넘어 게이머의 행위를 특정한 서사적 의미로 고정시키는 장치이기도 하다. 또한 MMORPG에서 배경은 게이머가 탐색할 수 있는 가상의 공간이 된다는 점에서 전통적인 이야기물의 배경과는 다른 차원의 것이다. 따라서 MMORPG의 이야기 요소로서 배경은 전체 이야기의 의미를 구성해주는 배경 이야기와 실제 사건이 발생하는 공간의 이야기로 나누어 살펴볼 수 있다.

배경 이야기: 전사(前史)

MMORPG에서 배경 이야기는 게이머가 그 이야기에 관여하게 되는 출발점이자, 게이머의 상호작용 행위에 서사적 의미를 부여해주는 장치이다. 또한 MMORPG에서 배경 이야기는 다양한 이야기 요소들 간의 관계 구조를 설정해주며, 독자적인 이야기 세계가 성립할 수 있도록 이야기 내 규범을 설정해주는 것이기도 하다.

물론 전통적인 이야기물에서도 배경 이야기는 수용자로 하여금 진행되고 있는 이야기의 맥락과 인물들 간의 관계를 이해할 수 있도록 보조하는 장치이다. 이야기 장치를 통해 수용자에게 허구 세계에 대한 정보를 제공해주는 것이다. 그러나 MMORPG의 경우 배경 이야기는 단순히 배경 정보를 전달해주는 것 이상의 의미를 갖는다.

먼저, MMORPG에서 게이머는 기본적으로 배경 이야기를 통해 자신이 관여하게 될 이야기의 내용이 무엇인지, 주어진 목표는 무엇인지를 파악해 이야기를 시작하게 된다. 즉, 게이머에게 게임의 세계에 대한 관련 정보를 줌으로써 게이머를 허구적 세계로 흡입하는 것이다.

구체적으로 대부분의 MMORPG에서는 전체 이야기의 배경을 암시해주는 동영상으로 게임이 시작되거나 혹은 게임 초기 화면에서 문자를 통해 게임의 허구적 세계에 대해 설명해준다. 이러한 배경 이야기는 게이머가 관여하게 될 세계가 어떤 상황이며, 또한 궁극적으로 게이머가 해결해야 할 과제는 무엇인지, 그리고 목표를 알려줌으로써 게이머에게 이야기 속의 역할을 맡고 또 그 이야기에 참여하도록 하는 것이다. 게이머는 이러한 허구적 틀에 의거하여 활동을 함으로써 그에 대한 일종의 서사 경험을 구성해간다. 이는 게임이 진행되는 동안 게이머의 목표 의식을 강화해 좀 더 강한 몰입을 부여하는 것이기도 하다.

그동안 「워크래프트」 시리즈를 통해 구축해온 인간, 오크, 엘프, 언데드 등 각 종족 역사의 연장선상에 있는 「월드 오브 워크래프트」는 "레인 오브 카오스의 전쟁이 끝난 지 4년, 치열했던 전투로 황폐해진 아제로스 세계에 또다시 어두운 그림자가 드리워지고 있다. 전쟁에서 승리를 거둔 종족들이 저마다 파괴된 자신들의 왕국을 재건하기 위한 노력을 기울이는 가운데, 고대의 불길하고 사악한 세력이 아제로스 세계에 다시 재앙의 손길을 뻗치려 하고 있다"는 상황을 전제로 게임이 시작된다. 배경에 전제된 1만 년 전의 고대 전쟁으로부터 시작되는 워크래프트의 역사는 현재 얼라이언스와 호드 진영으로 나뉘어 '휴먼' '드워프' '오크' '트롤' 등의 각 종족들이 서로 연합하고 또 반목하여 전쟁을 할 수밖에 없는 상황을 설명해준다. 단순히 이들은 서로 적대적이기 때문에 미워하고 전쟁을 한다는 것이 아니라, 고대부터 각 종족들이 어떤 역사를 통해 현재에 이르고 있는지, 그리고 각 종족들이 결코 서로 융화될 수 없는 속성과 본질을 지니고 있음에도 왜 한 진영이 되어 연합하고 있는지를 일종의 대서사시로 그려내 보이는 것이다.

둘째, 배경 이야기는 단순히 과거의 역사를 알려주는 것에 그치지 않고, 게임 내에서의 게이머의 행동에 서사적 의미를 부여해줄 뿐만 아니라 목적의식을 강화하는 것이다. 즉, 배경 이야기는 게임의 전체 내용을 함축하고 있는 이야기이자 다른 이야기 장치인 캐릭터 등의 설정에 허구적인 틀로 작용한다. 이에 따라 게이머의 주관적인 서사경험이 이루어지게 되며, 배경 이야기는 게이머를 게임의 허구 세계에 위치시킬 수 있게 된다.

예를 들어 「월드 오브 워크래프트」에서 호드 진영의 종족인 '타우렌'은 "칼림도어 중부의 광활한 불모의 땅에 살고 있는 거대한 야수 종족이다. 그들은 자연을 섬기고 야생 생물과 정령들의 균형을 유지하며 살아간다. 거대한 체구와 야수와 같은 힘을 지니고 있음에도 불구하고 지극히 평온한 타우렌은 평화로운 부족 사회 유지에 힘쓴다. 하지만 이들을 자극하면 그들의 모든 힘을 쏟아 부어 상대를 짓밟아 버리는 무자비한 적으로 돌변한다. 케르네 블루드후프 족장의 지휘 아래 타우렌은 버닝 리전의 침입 때 오크들과 동맹을 맺었다. 그 이후로 이 둘은 확고한 동맹으로 남게 되었다. 오크와 마찬가지로 타우렌은 그들의 전통을 유지하고 고귀한 주체성을 존속시키려는 노력을 하고 있다"는 배경 이야기가 설정되어 있다. 따라서 '타우렌' 종족을 선택한 게이머는 '타우렌'의 배경 이야기에 의해 설정된 성격, 능력, 전쟁에서의 위상 등을 기반으로 게임을 하게 되는 것이다. 이에 따라 게이머는 '타우렌' 종족이 어떤 종족과는 적대관계이며 반면 또 어떤 종족과는 연합하고 있는지를 자연스럽게 받아들이며, '타우렌'이 지닌 속성상 어떤 능력과 기술을 더 쉽게 발휘할 수 있는지를 더 쉽게 이해할 수 있다. 즉, 게이머는 '타우렌' 종족의 일원이 되어 게임 세상을 바라보게 되는 것이다.

게이머가 수행하는 '괴물을 잡는 행위'는 게이머의 경험치를 높이고 아이템을 획득함으로써 보상을 얻는다는 측면에서 볼 때, 마치 「테트리스」라는 블록 맞추기 게임에서와 같이 일정한 활동을 수행하면 점수를 얻는 것과 유사하다. 그러나 배경 이야기에 의거하여 그 행위는 얼마나 잘 인터페이스를 조작하느냐를 넘어 '악마에게 영혼을 사로잡힌 괴물을 제거해 사람들을 해방시키는 것', '정식 기사로서 인정을 받는 것' 혹은 '군주가 되어 기사와 마법사들을 거느리고 다른 군주를 무찌르는 것' 등으로 허구적인 이야기를 가능하게 하는 사건으로서 서사적 위치를 차지하게 된다.

즉, MMORPG에서 게이머는 캐릭터를 움직여가며 게임의 세계에서 괴물을 제거하고, 아이템을 얻는 등의 다양한 활동을 시작하게 된다. 게이머는 경험치를 높이고 아이템을 얻기 위해 '사냥터'나 '던전'을 다니면서 괴물들을 사냥하는 활동을 필수적으로 해야 하지만, 이렇게 단순히 괴물을 제거하는 활동의 연결은 실상 어떤 이야기를 구성해내지 못한다. MMORPG에서 게이머가 게임 초기에 주로 하는 것은 레벨을 올리기 위해 몬스터를 잡는 반복적인 행위이다. 「리니지」의 경우도 게임 초반에서 각 캐릭터에게 부여되는 임무를 제외한 게이머의 활동은 괴물을 사냥하는 것, 주어진 공간을 탐색하는 것과 같은 활동의 반복이라 할 수 있다. 배경 이야기는 이러한 활동을 단순한 컴퓨터 마우스의 클릭으로 만들지 않고 이야기를 이룰 수 있도록 서사적 의미를 부여하는 것이다.

특히 MMORPG의 경우 게임은 실질적인 이야기로 제시되지 않으며, 그 자체가 게이머가 활동하는 무대이다. 여기에서 상호작용은 특정한 틀에 얽매이지 않고 개방된 게이머들의 대화로 특징지어진다. 이 상황에서 배경 이야기는 게이머에게 목적의식을 제공하고 상호작용의 동기를 부여하는 결정적인 장치이다.

또한 MMORPG는 일반 롤플레잉 게임에 비해 특정한 하나의 이야기를 구성하는 이야기 구조가 느슨한 편이다. 대신 게이머마다 사건을 만들고 그 사건들의 배열을 통해 이야기를 끊임없이 순환시키는 장치를 두고 있는데, 「리니지」의 경우 '반왕'이라는 존재의 설정이 그것이다. 게이머들은 왕자나 공주가 되어 혹은 한 명의 군주를 추종하는 무리가 되어 '반왕'으로부터 성과 왕좌를 빼앗아 그 군주를 새로운 왕으로 옹립할 수 있다. 그러나 게이머들 중의 누군가 '켄트'성에 있는

'반왕'을 없애고 왕이 된다 할지라도 그 왕은 다른 게이머에게 다시 타도의 대상이 되는 새로운 '반왕'이 되는 것이다. 이러한 이야기 틀을 통해 「리니지」에서 게이머들의 행위가 특정한 서사적 의미를 갖게 되고, 지속적으로 이야기가 반복되고 순환될 수 있는 것이다.

셋째, MMORPG에서 배경 이야기는 게임의 독자적인 세계가 성립할 수 있도록 게임의 규칙을 설정해주는 중요한 역할을 맡는다. 이 배경 이야기에 바탕을 두어 캐릭터 및 다른 이야기 장치들 간의 관계 구조가 형성되는 것이다. 「리니지」의 경우 게임 초반부에 게이머의 경험치가 일정 정도에 이르지 못하면 다음 공간으로 진행해갈 수 없다. 이것은 정식 전사로서 혹은 마법사로서 요구되는 수련을 쌓도록 이야기가 설정된 것이며, 또한 경험치가 낮은 게이머들의 이동 및 행위를 제한하는 장치로 작용하는 것이다.

이야기 공간

MMORPG에서 이야기 공간은 말 그대로 캐릭터, NPC 및 아이템과 같은 다양한 이야기 요소들이 존재하는 동시에 게이머의 상호작용이 구현되는 장소이기도 하다. 그러나 각 공간이 고유한 사건의 가능성과 이야기를 담고 있음으로써 그 자체로 잠재적인 이야기 장치가 된다.

물론 전통적인 이야기물에서도 인물들은 이야기 내부라는 심층서사 차원에서 존재하며, 공간은 그것을 등지고 있는 인물의 행위와 감정이 적당하게 출현하는 장소이며 각종 존재물들의 집합상태이다. 공간이 갖는 독특한 특징이나 분위기는 곧 내러티브의 분위기를 구성하는 것이며, 이야기의 배경을 명시적으로 혹은 암묵적으로 드러내준다.

전통적인 이야기물과 마찬가지로 MMORPG에서도 공간은 이야기의 배경과 분위기를 묘사해줌으로써 게이머가 이야기 상황을 이해하는 데 기여한다. 그러나 MMORPG에서의 공간은 게이머가 캐릭터를 통해 실제로 움직여 다닐 수 있는 공간이라는 점에서 단순히 등장인물이 존재하고 이야기의 존재물들이 놓여있는 배경의 의미를 넘어선다. MMORPG에서 각 공간은 괴물, 아이템, NPC 등 게이머가 선택하고 조작할 수 있는 이야기 장치들이 실제로 존재하는 장소이자, 다른 게이머와의 상호작용을 위한 장으로 제공된다.

예를 들어 「월드 오브 워크래프트」에서 지역은 크게 얼라이언스와 호드 진영의 영토인 '동부왕국'과 '칼림도어'로 구분된다. 각각의 영토는 작은 마을과 성채, 전초기지에 이어 아제로스 세계엔 각 종족의 수도이자 중심지인 6개의 주요 도시가 있다. 이 도시들은 모두 각각의 고유한 특색이나 모습을 갖추고 있으며, 단순히 NPC가 서 있는 건물의 집합이 아니라 모험과 교역, 훈련, 사회 등 많은 활동의 장소로 활용된다.

참고로 「월드 오브 워크래프트」에서 설정하고 있는 도시의 주요 기능은 다음과 같이 나눠진다.[16]

먼저 도시는 많은 퀘스트의 보고이다. 퀘스트는 게이머가 수행해야 하는 일종의 임무로, 작은 퀘스트는 지역 상점 주인을 도와주거나 도시 주위의 크고 작은 문제점들을 해결하는 것이며, 좀 더 큰 규모의 퀘스트는 정치적인 배반이나 심지어 반란을 진압하는 일에 말려들 수도 있다. 게이머는 각 종족의 수도에 산재해있는 퀘스트를 수행하면서 모험을 즐기게 된다.

도시는 또한 교통의 중심지이다. 대부분의 도시는 쉽게 찾을 수 있기 때문에 교통의 중심지 기능을 하게 되며, 각 도시나 다양한 지역의 전초지들을 방문하여 특정한 NPC를 발견하게 되면 일정한 요금을 지불한 뒤 그리핀이나 와이번과 같은 교통수단을 이용하여 하늘을 날아 여러 도시 사이를 여행할 수도 있다. 심지어 몇몇 주요 도시에는 대륙 간의 여행을 도와주는 체펠린 비행선도 탈 수 있는데, 이러한 상황은 현실 세계의 도시의 규모에 따른 기능과 유사함을 보여준다.

게이머들은 도시에서 은행 업무도 볼 수 있는데, 은행은 워크래프트 세계를 여행하면서 쉽게 구할 수 없는 유물이나 보물을 보관할 수 있는 장소가 된다. 각 도시의 은행은 다른 지역의 은행들과 연계되기 때문에 자신의 물건들을 좀 더 쉽게 보관하고 찾을 수 있다.

이상과 같이 기능 중심의 도시의 성격도 있지만 유흥을 즐기는 장소로 도시가 이용되기도 한다. 선술집에서는 게이머들이 동료들과 함께 모험에 대해 의논하고 성공적인 모험을 축하할 수 있으며, 또 휴식을 취할 수도 있다. 또한 선술집은 일거리를 찾는 여러 사람들을 만날 수 있는 좋은 장소가 되기도 하며, 때때로 선술집 앞에 용감한 현상금 사냥꾼들을 위한 현상금 수배가 내걸리기도 한다.

도시의 대부분이 유용한 장소임에도 불구하고 좀 더 깊고 어두운 곳에는 위험한 장소가 존재한다. 이런 장소를 탐험하다 보면 잊혀진 가문의 지하묘지나 고대 하수도, 불가사의하고 사악한 힘을 추구하는 비밀 단체와 마주칠 수도 있는 새로운 발견의 장이 되기도 한다.

그리고 도시에는 모험가들이 필요로 하는 것들을 제공하는 상인들과 상점들로 북적거리는데, 각 도시의 요새 성벽 안에서 마주치게 되는 NPC들 중에는 무기제작자나 갑옷제작자, 연금술사, 트레이너 등이 있으며 이 외에도 수많은 종류의 NPC가 살고 있다.

그 외 게이머 간 전투지역이나 직업별 사령부 등이 도시에 존재한다. 이들 도시의 기능을 통해 MMORPG가 가상이지만 공간으로 이루어져 있고, 현실 세상의 원리와 유사하게 운영되는 곳임을 파악할 수 있다. 이러한 현실과의 유사성은 게이머로 하여금 게임 상황을 리얼한 것으로 받아들이게 하는 장치가 되기도 한다.

또한 각 공간은 저마다 배경 이야기를 지니고 있는데, 예를 들어 「리니지」에서 '하이네 영지'의 수중 던전인 '에바의 왕국'은 괴물에 의해 멸망한 상태이며, 현재 그곳에는 왕국을 멸망시킨 괴물이 봉인되어 있는 것으로 이야기가 설정되어 있다. 「월드 오브 워크래프트」의 '엘윈 숲'은 "아제로스의 인간

문명이 시작된 드넓은 삼림지대로, 먼 옛날 로데론 남쪽, 카즈 모단 북쪽의 스트롬이라는 인류 최초의 문명이 형성된 곳에서 떨어져 나온 일부의 사람들이 거칠고 험한 모험 끝에 정착한 곳이 바로 엘윈 숲"으로 설정되어 있으며, 이 엘윈 숲은 거대한 나무들과 무성한 풀들이 있는 아름다운 숲으로, 이주민들이 엘윈 숲의 계곡에 스톰윈드라는 거대한 도시를 세워 아제로스의 인간 문명을 시작했다는 것이다.

따라서 게이머가 특정한 공간에 존재한다는 것은 각 공간이 담고 있는 이야기 설정 속에 들어가는 것이다. 각 공간을 평정하거나 각 공간에 존재하는 괴물을 제거하는 것은 그 공간이 담고 있는 잠재적인 이야기들이 게이머의 서사경험으로 편입됨으로써 구체적인 이야기로 의미를 갖게 된다.

인물: 기능적 인물

MMORPG에서 인물은 게이머에 의해 선택되고 변형됨으로써 이야기의 다양한 측면을 경험하게 하는 이야기 장치이다. 게이머가 어떤 인물을 선택하느냐에 따라 혹은 인물을 어떻게 발전시켜 나가느냐에 따라 각각 상이한 이야기를 구성할 수 있는 것이다. 또한 MMORPG에서의 인물은 특정한 역할을 수행하는 것, 즉 심리적 특징이나 정서적 변화보다는 그 인물이 이야기 내에서 수행하는 역할의 측면이 중요한 기능적 인물이다.

MMORPG에서 인물은 게이머의 조작을 통해 움직여 사건을 수행하는 주인공 캐릭터와 그 외 게이머가 캐릭터를 통해 수행하는 사건을 방해하는 괴물 등 컴퓨터 게임상에 존재하는 NPC(non-player character 혹은 creature)로 구성된다.

캐릭터

전통적인 이야기물에서 인물은 이야기를 만들어내는데, 상호작용이 가능하게 되면 게이머가 이를 대신하게 되고 저자에 의해 이루어지는 인물의 성격 변화 및 복잡한 내적 묘사 등의 인물화(characterization)가 불가능해진다. 전통적인 이야기물에서 인물의 창조가 전적으로 저자에 의해 이루어졌다면, MMORPG에서는 저자에 의해 설정된 인물의 성격은 물론 게이머의 경험에 의해 형성된 또 다른 차원의 인물화가 가능해진다. 게이머는 게임 캐릭터에 자신의 체험을 투영시키고, 또 주관적인 의미를 부여함으로써 자신만의 방식으로 인물묘사를 할 수 있기 때문이다.

실질적으로 컴퓨터 게임에서 캐릭터는 게이머를 대리하는 행위자로, 동기, 생각, 감정 등에 있어 게임 설계자가 설정한 성격묘사 이상으로 발전하지 못한다. 상호작용이 가능한 이야기에서 복잡한 감정적 문제를 가진 캐릭터는 배제되고 매우 단순한 동기를 가진 영웅 혹은 악당만이 존재하게 됨에 따라 인물 자체가 도식적인 형태를 띨 수밖에 없게 된다.

컴퓨터 게임은 역동적인 심리적 차원을 지닌 다면적인 캐릭터(round character)보다는 내적 측면이 결여되어 있는 평면적 캐릭터(flat character)에 의존하게 되는 것이다. 실제로 컴퓨터 게임에서 인물들은 직면한 상황에 대한 고민이나 감정이 없이 다만 주어진 임무를 기계적으로 수행할 뿐이며, 게이머의 행위를 대리하는 인터페이스로까지 여겨질 수 있는 기능적인 존재이다.「툼레이더」와 같은 어드벤처 게임의 주인공 '라라 크로포드'를 생각해보라. 그녀는 능력의 성장이나 캐릭터의 특성화 등 어떤 변화도 겪지 않으며, 순간순간 부여되는 임무를 성공적으로 수행해내기 위해 적절한 인터페이스의 조작에 의해 움직이는 인물인 것이다. 게임이 종료될 때까지 일관된 모습만을 보여줄 뿐이다.

MMORPG에서 캐릭터는 단순히 게이머를 대리하는 역할을 넘어 게이머에 의해 변형되고 발전됨으로써 게이머가 주관적인 의미를 부여하는 대상이라는 점에서 주목할 필요가 있다. 오랫동안 '키워 온' 게이머의 분신 혹은 게이머 자신으로 여겨지게 된다. 따라서 게이머가 어떻게 캐릭터를 키우느냐에 따라 경험하는 게임 상황은 전혀 달라진다. 그렇기 때문에 각각 다른 캐릭터를 통해 게이머는 서로 다른 이야기를 경험할 수 있다. 이러한 경향은 MMORPG 장르가 정교화될수록 점점 더 강조되고 있다.

실제로 같은 캐릭터라 할지라도 어떤 방향으로 육성시킬 것인지는 게이머마다 달라질 수 있다. 기사 캐릭터의 경우 검을 이용해 싸우는 것이 정석이지만 검술보다 마법 능력을 강화시킴으로써 전사형보다는 마법사형 캐릭터처럼 육성할 수도 있기 때문이다. MMORPG의 이야기 구성에서 캐릭터는 캐릭터의 잠재적인 기술이나 마법 능력 등과 같은 장치를 중심으로 게이머의 관여의 여지를 열어주는 것이다.

이처럼 MMORPG의 이야기 구성에서 독창적인 캐릭터를 창조하는 데 필요한 요소로 캐릭터의 잠재적인 기술이나 마법 능력을 들 수 있다. 각 게임에서 게이머는 캐릭터마다 설정된 '스킬트리(skill tree)'라는 캐릭터의 능력을 분화시킬 수 있는 장치에 따라 다양한 기술을 원하는 대로 개발시킬 수 있다. 예를 들어 「월드 오브 워크래프트」에서 도적이라는 직업은 어떻게 스킬트리를 운영하느냐에 따라 성격과 능력이 다른 새로운 캐릭터가 될 수 있다. 기본적으로 도적은 전투, 암살, 잠행이라는 특성으로 구분되는데, 전투 쪽 특성은 주로 도적의 파괴적인 근접 공격 능력에 초점을 맞춘 것이며, 암살 특성은 조용히 불시에 공격하는 능력을, 그리고 잠행 특성은 눈에 띄지 않게 적에게 접근하는 능력이 강조된 것이다. 레벨을 올릴 때마다 부여되는 점수를 어떻게 배분하느냐에 따라 같은 도적이라도 암살자의 성격, 전투원의 성격 등으로 달라지는 것이다.

이것은 다수의 이본이 가능한 이야기가 하나의 게임 속에 잠재되어 있는 것으로, 다양한 캐릭터의 선택을 통해 그 캐릭터의 고유한 특징들을 이용해 여러 개의 이야기를 구성할 수 있게 하는 것이다. 이는 또한 컴퓨터 게임에서 게이머가 한번에 게임을 끝내는 것이 아니라 다양한 방식으로 여러 번의 반복된 게임 플레이를 가능하게 해주는 장치이며, 나아가 어떤 인물이 주인공이 되느냐에 따라 다르게 구성될 수 있는 다수의 플롯이 가능한 새로운 이야기 형식이 가능함을 보여주는 것이기도 하다.

한편, MMORPG의 경우 캐릭터는 게이머와 동일시됨으로써 게이머로 하여금 허구적 세계를 보다 더 생생하게 경험하게 하고 게임에 대한 관여를 강화시킨다.[17] MMORPG는 기본적으로 여러 게이머들이 각각 서로 다른 역할을 맡아 상호작용할 수 있도록 설정된 것이기 때문이다. 즉, 각 게임 캐릭터별로 특징을 차별화하며 동시에 각각 다른 일종의 사회적 능력을 부여해 게이머 간의 상호작용을 정교화한다.

MMORPG에서 길드나 파티플레이를 할 때 여러 종족 및 직업으로 구성된 인물들이 고루 배치되게 되는데, 이는 게임 자체가 전투하는 캐릭터, 마법사처럼 치료와 보조를 해주는 캐릭터, 은신하여 재빨리 움직일 수 있는 캐릭터들로 파티가 구성되었을 때 효율적으로 사냥이나 전투를 수행할 수 있는 구조로 이루어져 있기 때문이다. 이 때문에 MMORPG가 여러 정체성을 시험하는 장이 된다고 논의된다. MMORPG에서는 마법사, 기사, 엘프 혹은 군주, 길드의 지도자와 같은 게임 세계에서의 지위가 중요한 것이지 게이머의 현실 모습이 어떠하든 상관이 없다. 물질적인 육체가 부여하는 정체성에서 벗어나 다양한 정체성을 시험해볼 수 있는 것이다. 게이머가 게임 내에서 자신의 역할, 즉 게임이 부여한 정체성에 충실하지 않을 경우 게임 세계를 살아가는 것이 어렵기 때문에 게이머는 게임 속의 정체성에 더 몰입하게 된다. 강제적으로 부여되는 게임 속의 정체성이 게이머가 경험하는 가상의 삶을 더 현실적으로 만들어주기 때문이다.

또한 MMORPG에서 '휴먼', '오크', '언데드', '요정' 등의 캐릭터는 각자 설정된 이야기 배경이 있다. 배경 이야기의 범위와 깊이에 있어 타의 추종을 불허하는 「월드 오브 워크래프트」에서 '나이트 엘프'는 다음과 같은 이야기가 설정된 캐릭터 유형이다.

"고독한 나이트 엘프는 워크래프트의 세계에서 가장 먼저 깨어난 종족이다. 베일에 싸인 이 불멸의 존재는 제1 워크래프트 시대가 있기 만 년 전부터 마법을 연구하고 세상에 널리 전파하였다. 나이트 엘프의 무분별한 마법사용은 버닝 리전을 이 세계로 끌어들여 강력한 두 종족 간의 비극적인 전쟁을 낳게 되었다. 나이트 엘프는 간신히 리전을 추방시켰지만 그들의 신비스런 고향은 산산이 부서져 바다에 잠기게 되었다. 최근까지 나이트 엘프는 세상과 그들 자신을 단절하고 수천 년간 그들의 성지인 하이잘 산맥에서 은둔 생활을 하였다. 하지만 리전의 침략은 나이트 엘프가 오랜 운둔 생활을 청산하는 계기가 되었다. 이제 그들은 세상을 본래 상태로 복원시키는 데 관심을 갖게 되었고 오랫동안 존속해온 아제로스를 지키기 위해 처음으로 다른 종족과 동맹하게 된다. 나이트 엘프 종족은 일반적으로 고귀하고 공정하지만 세상의 다른 약소 종족들에겐 강한 불신감을 가지고 있다. 그들은 본래 야행성이며 나이트 엘프의 베일에 싸인 힘은 다른 종족들로 하여금 그들이 필멸의 운명을 지닌 이웃 종족들에게 품은 것과 같은 의구심을 자아내게 한다."

이에 따라 '나이트 엘프'는 선택 가능한 직업이 사냥꾼, 드루이드, 전사, 사제, 도적으로 제한된다. 이와 같은 이야기 설정은 각각의 캐릭터를 구별해주고 고유한 특징을 강조해주는 장치가 될 수 있을 뿐만 아니라 캐릭터가 이야기를 진행하면서 얻게 되는 특정한 능력과 기술에 대해 서사성을 부여해주는 장치라 할 수 있다.

NPC(Non-Player Character): 조력자로서의 인물

NPC는 게이머가 선택하여 게임을 진행해나갈 수 있는 캐릭터가 아니라 시스템에 의해 구동되는 게임 공간을 배회하고 있는 존재로, 게이머가 조작하는 캐릭터와의 상호작용을 통해 특정한 기능을 행하거나 캐릭터에게 임무를 부여하는 역할을 수행하며, 게이머의 선택에 따라 이야기를 세분화 혹은 변형시킬 수 있는 장치로서 작용한다.

전통적인 이야기물에서는 실상 NPC의 개념이 존재하지 않지만, 게임 캐릭터가 주인공의 역할이라면 NPC는 일종의 조연 혹은 다른 등장인물이라 할 수 있다. 또한 NPC가 게이머에게 임무를 부여하는 역할을 수행한다는 점에서, 이 장치는 저자가 사건의 발생 혹은 사건의 연결과 같은 이야기의 구체적인 국면에 개입하는 방식으로도 이해할 수 있다.

NPC의 특징을 보다 구체적으로 살펴보면, 먼저, NPC는 주로 무기, 갑옷 등을 팔고 사고, 고쳐주거나, 주인공 캐릭터를 다른 공간으로 이동시켜주는 역할을 하는 기능적인 측면이 강조된 인물이다. 각 MMORPG마다 그 세계에 상주하는 NPC가 있는데, 이들 역시 특정한 기능을 수행한다. NPC는 각 MMORPG의 세계에 작용하는 규칙들을 설명해주며, 다친 캐릭터를 치료해주거나 괴물로 변신을 시켜주거나 무기를 강화해주는 등의 고유한 역할을 수행한다.

둘째, 위와 같은 일종의 조력자로서의 기능 외에 NPC는 컴퓨터 게임에서 게이머가 수행해야 할 임무를 부여해주는 역할을 수행한다. 또한 아이템이나 다른 NPC들에 대해 실질적인 정보를 제공해주는 인물로서, 이들 컴퓨터 게임에서 이야기를 진행해가기 위해 게이머는 특정한 NPC들과 대화를 하도록 강제된다. 예를 들어 「리니지」에서 '군터'라는 NPC는 '기사' 캐릭터에게 임무를 부여하고 이를 성공적으로 수행했을 경우 보상을 하는 등 이야기를 이루는 특정한 사건에 개입하게 된다.

셋째, NPC는 게이머로 하여금 다양한 이야기를 경험할 수 있게 하는 장치가 된다. 즉, NPC는 게이머와 다양한 상호작용을 수행하거나 혹은 상호작용을 제어해 게이머로 하여금 이야기의 변주를 허용한다.

위와 같이 NPC는 일정한 기능을 지니고 있는 존재일 뿐만 아니라 NPC와의 상호작용은 캐릭터가 임무를 부여받거나 캐릭터가 처한 상황에 대한 설명을 제공해주는 것으로 이야기를 보다 정교화하는 역할을 하는 것이다. 또한 다양한 상호작용을 허용해 실질적인 이야기의 내용에 게이머의 선택을 반영할 수 있게 하는 장치이기도 하다.

괴물: 적대자로서의 인물

흔히 '몬스터', '몹'으로 지칭되는 괴물 역시 일종의 NPC로, 게임 캐릭터나 유닛처럼 게이머가 조작할 수 있는 대상이 아니라, 게임의 세계에서 자동적으로 구동되는 대상물이다. 컴퓨터 게임에서 괴물은 흔히 적대자로 설정된다. 무엇보다도 이 괴물이라는 이야기 요소는 각기 다른 성격과 능력, 부여하는 아이템은 물론 고유한 이야기 배경을 지님으로써 게이머의 선택과 조작에 따라 다른 이야기를 이룰 수 있는 잠재적인 이야기 장치라는 점에서 주목할 필요가 있다.

즉, 앞서 논의한 NPC가 특정한 기능을 지닌 조력자라면, 이 괴물은 사건의 연결 나아가 이야기의 진행을 제어하는 장애물이자 동시에 게이머의 서사 경험을 확대하는 이야기 요소인 것이다.

「리니지」에서 괴물은 게이머가 잡아 경험치를 올리고 아이템이라는 보상을 얻을 수 있는 일종의 '사냥감'이자 게임의 목표이기도 하지만 각 캐릭터별로 수행해야 하는 임무를 저지하는 역할을 한다.

'기사'의 경우 '기사'로서 인정을 받기 위해 NPC인 '군터'가 제안하는 임무를 수행해야 하는데, 그 임무는 섬의 남동쪽에 서식하는 '셀로브'라는 거대한 거미를 잡아 그 거미의 발톱을 가져오는 것이다. '셀로브'와 같이 특별한 임무를 수행하기 위해 대적해야 하는 적대자로서의 괴물 외에 「리니지」상에는 다양한 괴물이 존재한다. 게이머는 이들을 제거함으로써 게임 캐릭터의 경험치를 높이는 데 이용된다. 즉, 기본적으로 괴물은 '군주'로서 혹은 '마법사'로서의 경험을 쌓고 영웅 캐릭터의 경험치를 높이기 위한 혹은 특정한 아이템을 얻기 위한 게이머의 목표를 방해하는 일종의 적대자로서 설정되어 있는 것이다.

그러나 괴물은 다양한 유형, 이야기 설정, 고유한 능력 및 특징을 지님으로써 게이머가 구성해가는 이야기를 다양하게 만들어주는 장치가 된다는 점에서 중요하다. 예를 들어 「월드 오브 워크래프트」에서 '엘다라스 폐허'에서 나타나는 괴물인 '장군 팽페러'는 무분별한 마법사용으로 인해 악마들을 이 세계로 끌어들여 영원의 샘을 폭파시키고 그 영향으로 흉측한 모습으로 변해버린 나가족을 이끌고 있는 인물로 설정되어 있다.

또한 MMORPG의 괴물들은 각각이 다른 공격력을 가지고 있기도 하다. 예를 들어 「리니지」에서 '가스트'라는 괴물은 마법사 캐릭터에게 매우 위협적인 존재로 설정되어 있다. '가스트'의 독 공격은 몸을 마비시키거나 체력을 소진시키는 것을 넘어 캐릭터를 벙어리로 만든다. 따라서 이 독에 걸리면 마법을 사용할 수 없으며 채팅도 할 수가 없게 된다.

각 괴물마다 부여하는 아이템도 다르다. 「리니지」를 비롯하여 대부분의 MMORPG에서 괴물들은 저마다 존재하는 공간과 상이한 능력을 지니고 있을 뿐만 아니라 특정한 아이템을 고정적으로 부여한다.

위와 같은 괴물이 지닌 고유한 특징과 이야기 설정 등은 공격과 방어의 사건 유형이 반복되는 게임 상황에서 단조로운 이야기 구성을 보완할 수 있는 장치로서 의미가 있다. 즉, 괴물들이 지닌 고유한 능력과 각각 다르게 부여하는 아이템은 게이머에게 주어지는 게임의 보상 차원을 넘어 각기 고유한 이야기를 구성할 수 있게 해주는 장치인 것이다.

한편 「월드 오브 워크래프트」에는 여러 종족들을 위한 탈 것들이 존재하는데, 인간은 말을 타고, 오크는 충성스러운 늑대를 선호한다. 이처럼 탈 것들은 게이머가 소유할 수 있는 일종의 애완동물로, 탈 것을 이용하기 위해서는 기술을 익혀야 하고 고도의 훈련이 필요하다는 제한이 있다. 그러나 탈 것은 게이머에게 빨리 이동할 수 있고, 손쉽게 다른 지역으로 접근하게 하는 기능성도 있지만 탈 것을 소유한다는 것 자체가 지위의 상승을 의미하기도 한다. 「월드 오브 워크래프트」에서 탈것들은 다른 캐릭터나 괴물과 마찬가지로 외모, 기능, 설정된 이야기들이 저마다 다르다. 대표적으로 말은 아제로스 대륙에서 인간과 가장 긴밀한 관계를 유지해온 동물이지만, 로데론이 멸망한 후 얼라이언스 땅에는 선택된 품종만이 번성하게 된 것으로, 그리고 엘윈 숲의 말이 충성심과 성품면에서 가장 뛰어난 것으로 이야기가 뒷받침되고 있다. 또한 이동수단으로 설정되어 있는 동물들 중 '그리핀'은 반은 독수리이고 반은 사자의 형상을 한 날아다니는 동물로, 얼라이언스가 지닌 불굴의 정신을 상징한다. 또 '와이번'은 명예와 승리를 소중하게 여기며 주술을 숭배하는 호드 진영의 충실한 동반자 역할을 해왔으며, 용과 그리핀의 피가 섞여있는 동물로 묘사된다.

이 탈것들은 게이머가 자신의 게임 행위에 부여할 수 있는 새로운 허구적 경험이 되기도 하지만, 게임 경험을 전혀 새로운 것으로 만들기도 한다. 말과 같은 탈것은 속도감의 차원에서 그리고 '그리핀'과 같은 날아다니는 동물은 날면서 게임의 세계를 위에서 조망하도록 한다는 점에서 게임의 영상경험을 다른 것으로 만들기 때문이다.

위와 같은 MMORPG에서의 다양한 인물들은 그것이 주인공 캐릭터이든 괴물이든 기능적 측면이 부각되는 인물 유형이다. 즉, 이들 인물의 위치는 복잡한 삶의 양태를 지닌 존재라기보다는 단순한 참여자 혹은 행위자들이며, 하나의 이야기 속에서 이들이 하는 일을 분석해보면, 인물들의 양상은 오직 기능적일 뿐이다. 이들은 어떤 외부적인 심리학적 견지나 도덕적 견지에서보다는 하나의 이야기 속에서 이들이 하는 일을 분석해봄으로써 더 잘 이해되기 때문이다.

이러한 기능적 인물은 서사적 매력을 확보하기 힘들다. 그러나 MMORPG에서의 인물은 게이머가 동일시하거나 주관적 의미를 부여함으로써 활성화된다. 캐릭터의 활동을 통해 게이머는 객관적으로는 비현실적인 게임 상황을 주관적으로는 현실적인 것으로 변형시키는 것이다.

아이템

MMORPG에서 아이템[18]은 게이머에게 다양한 선택권을 부여함으로써 이야기의 세부적인 내용을 통제할 수 있도록 하는 요소이다. 즉, 아이템은 다양한 유형, 특징, 고유한 이야기 배경 등을 지님으로써 게이머가 어떤 아이템을 선택하느냐에 따라 각각 다른 이야기 내용을 경험할 수 있게 하는 장치이며, NPC와 혹은 다른 게이머와의 상호작용의 매개체가 됨으로써 게이머들이 구성하는 이야기를 서로 다른 것으로 만들어준다는 점에서 중요하다.

그 동안 전통적인 이야기물에서는 인물이나 배경을 제외한 다른 기타의 존재물들에 대해서는 이야기를 구성하는 요소로서 중요한 의미를 부여하지 않았다. 이는 이야기를 이루는 사건이 인물에 의해 구현되며, 사건과 사건의 연쇄가 내러티브에서 이야기를 구성하는 핵심 요소이기 때문이다.

그러나 MMORPG에서 아이템은 전체 이야기 구성에서 큰 비중을 차지하는 요소이다. 「리니지」와 「월드 오브 워크래프트」의 경우 아이템이 수백여 개에 이르며[19], 그 유형도 매우 다양하다. 게이머는 이러한 다양한 아이템을 선택하여 게임 캐릭터에 부착해 캐릭터의 성격을 변형시킬 수 있으며, 다른 게이머와 교환하거나 사고파는 등의 다양한 상호작용을 할 수 있다.

먼저 아이템은 인물의 특징을 변형시킬 수 있는 장치이다. MMORPG에서 아이템은 각종 무기, 갑옷, 투구 등은 물론 반지, 목걸이, 보석, 마법약 등을 포함한다. 각각의 아이템은 이름, 공격력, 방어력, 마법 효과 등에서 차이가 있으며, 이들 아이템을 어떻게 조합하여 이용하는가에 따라 효과가 달라지기도 한다. 특히 정해진 조합법에 맞게 사용하면 아이템에 부가적인 능력이 추가되기도 한다. 따라서 아이템을 이용하여 게이머는 게임 캐릭터를 원하는 대로 성격을 변화시킬 수 있다. 캐릭터가 어떤 칼을 이용하는지 어떤 마법 효과가 있는 갑옷과 투구를 착용하는지에 따라 똑같은 캐릭터라도 능력과 특징이 다른 캐릭터로 변형될 수 있는 것이다.

위와 같이 어떤 아이템을 소유하고 있느냐에 따라 캐릭터의 능력과 성향이 달라지기 때문에 아이템은 캐릭터의 특징을 결정하는 한 요소가 되기도 하지만, 아이템 자체가 각각 배경이야기를 담고 있다는 점[20]에서 아이템은 이야기의 분화를 가능하게 하는 장치이기도 하다.

또한 특정한 아이템을 부여하는 괴물들이 각각 다르게 설정되어 있음으로써 아이템을 중심으로 게이머가 실제 경험하는 이야기가 달라지고 세분화된다. 이처럼 아이템은 게이머에게 선택되어 게임 캐릭터에게 특정한 의미를 부여해줄 수 있는 이야기 요소일 뿐만 아니라, 이야기를 덧붙여갈 수 있는 장치이다.

더욱이 같은 캐릭터라 할지라도 게이머가 캐릭터에 어떤 아이템을 장착해주느냐에 따라 전혀 다른 능력과 모습을 지니기 때문에 아이템은 캐릭터를 다양하게 분화시킴은 물론 캐릭터에 대한 게이머의 주관적 의미를 형성하게 함으로써 게임 경험을 감정적, 정서적으로 강화해주는 장치가 되기도 한다.

아이템은 또한 인물이 다른 인물과 혹은 게이머가 다른 게이머와 상호작용을 하도록 유도하는 매개 장치가 된다. 즉, 게이머는 원하는 아이템을 구입하기 위해 혹은 불필요한 아이템을 다른 것과 교환하기 위해 게임 내의 NPC들 그리고 다른 게이머들과 지속적인 상호작용을 통해 게임의 이야기에 개입하게 된다. 특히 게이머마다 전투 중에 습득한 아이템을 다양한 무기로 교환할 것인지 혹은 그 아이템을 팔아 현금을 많이 확보할 것인지 등 아이템을 관리하는 방법도 달라짐으로써 이야기의 부분적인 내용에도 변화가 가능해진다.

또한 게이머 간의 상호작용이 가능한 MMORPG에서 아이템은 위와 같이 게이머가 일정한 임무를 수행해 얻는 것이기도 하지만, 다른 게이머들에게 돈을 지불하고 아이템을 사거나 반대로 팔기도 하며, 또한 아이템을 구걸하거나 혹은 서로 선물로 주고받는 등 게이머 간 상호작용 활동이 이루어지는 매개체가 되기도 한다.

　나아가 MMORPG에서 아이템은 게이머들에게 일종의 위계적인 사회적 관계를 부여하는 장치이기도 하다. 실제로 MMORPG에서 다른 게이머들보다 높은 레벨은 물론, 좋은 아이템 즉 좋은 무기와 방어구는 게임의 세계에서 중요한 권력의 자원이 된다. 이를 얼마나 가지고 있는가에 따라 고 레벨과 저 레벨로 나뉜다. 고 레벨에서 주어지는 권력은 괴물이나 자신보다 약한 게이머를 굴복시킬 수 있는 힘이며, 그러한 힘은 MMORPG의 다른 게이머들에게 동경의 대상이 될 수 있고, 게임 캐릭터가 가진 힘은 그 세계 내에서 사회적 위세로 이어진다.

　위와 같이 게이머가 아이템을 어떻게 조작하는지, 어떤 아이템을 선택하는지, 다른 게이머와 아이템을 중심으로 하여 어떤 사회적 관계를 맺는지에 따라 이야기가 변경되거나 세분화되는 등 아이템은 게이머가 이야기의 구성에 통제력을 행사할 수 있는 장치인 것이다. 더욱이 MMORPG가 게이머가 다양한 아이템을 조합하여 또 다른 아이템을 제작할 수 있는 등 아이템을 중심으로 게이머의 이야기에 대한 통제력은 더 커질 수도 있다.[21]

MMORPG 스토리는 어떻게 전개되나?

MMORPG에서 배경 이야기, 인물 및 아이템 등 일련의 구성요소들은 게이머들의 조합과 조작을 기다리는 상태로 제시됨으로써 이야기를 구성할 수 있는 가능성으로만 존재한다. 이것을 이야기로 만드는 것은 게이머의 몫으로 게이머는 위의 요소들을 조합·재조합하면서 이야기를 구성하게 된다.

여기에서 이야기는 이야기 요소들이 명시적인 것과는 달리 분명한 통합체로 제시되지 않는다. 다만 게이머에게 하나의 이야기로 경험될 뿐이다. 즉, MMORPG의 경우, 게임 그 자체는 게이머에게 선택되어 특정한 이야기를 구성해낼 수 있는 잠재적인 이야기 입자 혹은 이야기 요소로 존재한다. 이것을 실제 이야기로 구현해내는 것은 게이머의 선택 혹은 게이머의 수행 활동(performance)이다.

MMORPG에서 게이머는 게임 캐릭터로 하여금 다른 인물들과 대화를 할지, 게임 속의 공간을 옮겨 다니며 사냥을 할 것인지 등 모든 행위와 이동을 조종할 수 있는 것이다. 그러나 MMORPG에서는 다른 게이머가 조종하는 여러 캐릭터가 함께 그 공간을 공유하고 있고, 그들과 대화를 나누거나 어떤 유형이든 사회적 관계를 맺을 수 있다는 점에서, 사건의 발생은 게이머의 사회적 관계맺음이 반영되기도 한다. 구체적으로 다른 캐릭터와 함께 공동으로 사냥을 하거나 서로 아이템을 사고파는 행위 등이 그 사례라 할 수 있다.

또한 MMORPG에서 사건은 게이머가 자발적으로 행동함으로써 발생하는 것이지만, 그것은 전체 이야기 틀에 의해 이미 예정된 사건이 아니다. 물론 부분적으로 게이머에게 게임 캐릭터가 수행해야 할 임무, 퀘스트와 같은 계획된 사건을 부여하기도 하지만 이것은 MMORPG의 한 부분일 뿐 이야기를 구성해내는 사건은 게이머에 의해 자유롭게 창조될 수 있다. 이러한 사건 구조에서 상호작용성을 허용하면서도 일정한 서사성이 확보되는 방식으로서 공간적 이야기 구성과 다중적 이야기 기반의 구성을 논의할 수 있다.

공간적 이야기 구성

디지털 미디어는 게이머로 하여금 돌아다닐 수 있는 공간이 될 수 있다는 중요한 특징을 갖는다. 즉, 영화나 책의 경우 단순히 공간을 묘사할 수 있지만 디지털 미디어는 움직여 다닐 수 있는 가상공간을 제공할 수 있다.

영화나 소설과 같은 이야기물이 선형적인(linear) 사유 체계 속에서 연속성(sequential)의 원리에 의해 이루어지는 반면, 컴퓨터 게임과 같은 상호작용 미디어는 대체로 비선형적인(non-linear) 사유과정을 거쳐, 자료들이 자유로운 연상(free association)의 원리에 의해 구축되는 비연속적인(non-sequential) 성격을 갖는다.

따라서 상호작용적인 이야기에서 유기적인 총체(whole entity)를 구성하려는 저자의 의도와 게이머의 선택의 자유 사이에는 피할 수 없는 긴장이 존재할 수밖에 없게 된다. 저자가 이야기를 위해 강제하는 사건의 구조라는 것은 게이머의 선택의 자유, 즉 상호작용을 제한하게 되며, 전통적인 내러티브에 상호작용이 가능해지면 이야기 속의 사건들의 연대기가 모호해지기 때문이다.

결국 이야기물의 플롯과 서술이 견고해질수록 상호작용성은 약해지며 상호작용을 강조할수록 이야기의 짜임새는 허술해질 수밖에 없다. 게이머의 자유로운 관여는 사건의 의미 있는 연결을 통한 탄탄한 이야기 구조에서는 그 여지가 매우 좁기 때문이다.

상호작용이 가능한 이야기에서 이러한 문제를 극복하기 위해 고안한 장치의 하나가 허구적 공간을 연결하여 이야기를 구성하는 것이다. 즉, 이야기의 진행은 시간의 흐름이 아니라 공간의 연결에 의한 것이다. 저자는 이야기의 한 조각들이라 할 수 있는 다양한 장소들로 이루어진 방대한 체계를 조직하여 게이머들에게 이동의 자유를 허용한다.

컴퓨터 게임의 경우 다른 어떤 미디어보다도 이야기의 진행에서 이러한 공간적 구성이 두드러지게 나타나는 것으로 논의된다. 먼저 아케이드 게임에서 게이머가 한 스테이지를 성공하면 다음 스테이지로 넘어가는데 각 스테이지는 난이도가 다를 뿐만 아니라 각각 다른 배경화면을 설정해 게임 단계의 상승을 공간의 이동이라는 메타포로 전환하고 게이머에게 일종의 공간감을 부여한다.

심지어 「스트리트 파이터」와 같은 격투 게임에서도 게이머는 각 스테이지마다 설정되어 있는 쿵푸, 스모, 킥복싱 등의 무술을 구사하는 강력한 적대자들을 만나게 되며 어떤 상대와 격투를 하느냐에 따라 그 스테이지의 배경이 중국, 일본, 태국의 난전이나 격투장으로 바뀐다. 이처럼 게임에서는 그 공간에서 게이머가 직접 옮겨 다니며 사건을 유발하고, 다양한 존재물들을 선택, 결정을 하기 때문에 공간성(spatiality)의 경험은 필수적인 것이 된다.

각 공간은 고유한 괴물, 아이템과 같은 사건의 계기가 되는 요소들을 담고 있으며, 게이머는 그 공간을 탐색함으로써 그 잠재적인 이야기 요소들을 구체적인 이야기로 드러내는 것이다. 따라서 전통적인 이야기물에서 사건과 인물이 서로 뗄 수 없는 관계라면 컴퓨터 게임에서는 사건과 공간이 불가분의 관계를 맺는다.

예를 들어 「월드 오브 워크래프트」 역시 게이머가 직접 탐험하여 돌아다니며 파악해야 하는 공간이다. 게이머가 탐색하여 드러내는 공간은 이야기로 포함되며 따라서 탐색하지 못한 공간은 드러나지 않은 이야기가 되는 것이다. 또한 「리니지」의 경우 캐릭터에 따라 처음 시작하는 공간이 달라지는데, '군주'와 '마법사' 캐릭터는 '노래하는 섬'에서, '기사'는 '숨겨진 계곡'에서 '요정'은 '요정 숲'에서 출발하게 된다. 이러한 시작 공간은 각 캐릭터가 자신의 역할에 맞는 훈련을 하는 곳이며, 이들이 처음 태어난 공간을 떠난다는 것은 일정한 시험을 거쳐 본토로 들어갈 수 있는 역량을 쌓았다는 의미를 부여받는다. 따라서 게이머는 어떤 캐릭터를 선택하느냐에 따라 각각 다른 공간 및 그 공간에서만 가능한 고유한 사건을 체험하게 된다.

그러나 MMORPG의 공간은 선형적으로 순서를 이루어 처음과 끝이 있는 선적인 연결로 나열되는 것이 아니라, 각각의 지역이 개별적으로 특정한 사건을 담고 있는 독립적인 공간으로 존재하며, MMORPG는 아래의 그림처럼 이들 독자적인 공간의 집합체이다.[22]

MMORPG의 경우 캐릭터들에 부여된 속성과 서사적 운명이 있을 뿐 이들 사건을 일련의 흐름에 따라 구조화시키는 흐름이 존재하지 않는다. 다만 레벨마다 퀘스트를 통해 경험하

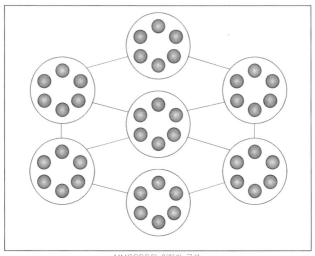
MMORPG의 이야기 구성.

는 산발적인 이야기가 존재하거나, 다른 직업으로 전직하기 위해 수행해야 하는 일련의 임무 등 게이머의 행위를 제한하는 이야기가 부분적으로 설정되어 있을 뿐, 전체 게임 공간에서 모든 게이머에게 강제되는 이야기 구조는 있을 수 없다.

배경 이야기를 통해 게이머에게 부여되는 동기와 서사적 경험이 있기는 하지만, 게이머는 게임 속의 각 공간을 자유롭게 옮겨 다니며 괴물들을 사냥하고, 아이템을 얻는 등의 활동을 할 수 있으며, 다른 게이머들과 파티플레이를 하거나 길드에 가입하여 끊임없이 전쟁에 참여하는 등 다른 게이머와 맺는 사회적 관계에 의거하여 이야기를 구성할 수 있다.

따라서 MMORPG에서의 이야기는 실제 사건이 발생하는 공간과 밀접한 관계를 맺고 있지만, 각 공간은 독자적인 이야기 공간일 뿐 그 공간의 연결은 특정한 하나의 이야기를 전제로 이루어지는 것이 아니다. 즉, MMORPG는 독자적인 이야기가 수없이 발생할 수 있는 잠재적인 사건 공간의 구성체로, 각 공간의 관계는 위계적이라기보다는 대등한 것이다.

다시 말해, MMORPG는 서사적 완결이 존재해 그 목표를 향해 이야기가 전개되고, 그 흐름에 따라 각 공간의 연결이 강제되는 것이 아니다. MMORPG는 각 공간을 단위로 이야기가 구성되고, 그 공간과 공간의 관계는 위계적이거나 인과적인 것이 아니며, 각 공간은 독자적으로 존재하는 것이다. 게이머의 공간이동을 제한하는 강제적인 이야기 흐름이 없기 때문에 MMORPG에서 각 하부 공간의 연결은 인과성(causality)보다는 공간적 인접성(contiguity)에 의해 이루어지게 된다.

이는 MMORPG의 이야기 구성이 기본적으로 공간의 연결에 기반하고 있지만, 그 공간의 연결에 특정한 위계나 인과성이 존재하지 않음으로써 선형적이거나 순차적인 공간의 배열에서 벗어나 보다 자유로운 이야기의 형성이 가능하며, 이와 동시에 사건의 배열 역시 고정된 선형성에서 이탈하여 보다 더 다양한 이야기가 구성될 수 있음을 보여주는 것이다.

다중적 이야기의 구성

MMORPG의 세계에 게이머들의 존재가 없다면 거기에서는 아무런 사건도 일어나지 않으며, 어떤 이야기도 구성되지 않을 것이다. MMORPG의 이야기는 다른 게이머와의 공존, 혹은 게이머와 게이머 간의 상호작용[23]을 바탕으로 한다.

이는 MMORPG가 두 개의 문화가 형성되는 곳이기 때문이다.[24] MMORPG 내에는 게임 자체 내의 문화, 즉 게임 환경 제공자가 이미 만들어놓은 허구적인 문화(In Character: IC문화)와 게이머들 사이의 상호작용을 통해 표현되는 문화(Out of Character: OOC문화)가 존재하는데, MMORPG에서는 후자의 문화가 훨씬 더 중요한 의미를 갖는다. 게이머들이 돈을 투자하고, 무리하게 시간을 들여서 아이템을 구비하고 캐릭터를 키우는 이유에는 남에게 무시받기 싫어서 혹은 남에게 그럴듯하게 보이고 싶어서와 같은 사회적 욕망이 작용하기 때문이다. 또한 게임 개발자가 설정해놓은 사건 이상의 다양하고 예측할 수 없는 이야기가 생성될 수 있는 것도 MMORPG가 게이머들 사이의 상호작용을 통해 표현되는 문화를 가능하게 하기 때문인 것이다. 인간과 인간의 만남을 통해 생성되는 이야기는 우리가 세상을 사는 것처럼 누구도 예상할 수 없는 것이다. MMORPG의 이러한 특징이 게이머들에게 두렵지만 매력 있는 곳으로 여겨지는 것이기도 하다.

MMORPG에서 게이머는 게임 자체를 자신이 행동하고 모험해야 할 공간으로 인식하고 다른 게이머와의 상호작용을 통해 이야기를 직접 창조하는 역할을 수행한다. 따라서 게이머들이 각각 이야기의 일부를 만들어가고, 이 이야기들이 모여 전체 MMORPG의 이야기를 이룬다.

더욱이 MMORPG는 고정된 이야기 틀이 존재하지 않을 뿐만 아니라 게이머가 접속할 때마다 그 이야기 상황 자체가 바뀌는 등 게임 자체가 게이머와 관계없이 독자적인 시간의 흐름에 의거한다. 이러한 유형의 이야기는 폐쇄적이고(closed), 분명하고(clear cut), 정적인(static) 기존의 전통적인 이야기와는 달리 계속 추가되고 변화하는 유동적인 이야기로 그 개념이 달라지는 것이다.

롤플레잉 게임의 전형적인 특징을 잘 드러내는 「디아블로2」와 같은 일반 롤플레잉 게임의 경우 게이머가 다른 캐릭터를 선택하더라도 캐릭터의 유형에 관계없이 해결해야 할 임무나 사건은 동일한 내용이다. MMORPG는 게이머가 어떤 캐릭터를 선택하여 게임을 진행해 가느냐에 따라 각각 다른 사건을 경험하게 되며, 퀘스트의 수행을 통해 게임의 이야기를 유사하게 생성해낼 수 있지만 실질적으로 강제되는 사건의 연결은 존재하지 않는다. 게이머는 MMORPG의 세계를 다니며 사냥하고, 만나는 다른 캐릭터들과 결투를 하거나 친분 관계를 맺는 등 사건을 자유롭게 만들어갈 수 있다.

그렇기 때문에 MMORPG에서 각 캐릭터는 사회적 특징이 반영되는데, 「리니지」에서 '군주' 캐릭터의 경우 '기사' '마법사' '요정' 캐릭터로 이루어진 혈맹을 만들어 혈원들을 관리해야 한다거나, '기사', '마법사' 등의 캐릭터는 군주를 모시는 신하로서의 활동을 수행함으로써 구현되는 것이 그 예라 할 수 있다. 「월드 오브 워크래프트」에서도 게이머가 길드에 가입하면 신입 길드원, 일반 길드원, 원로 길드원, 길드 관리자, 길드장이라는 위계 중 하나에 속하게 된다. 길드 관리자와 길드장은 게이머를 초대하거나 추방할 수 있으며, 길드장은 유일하게 길드를 해산하고 게이머를 길드 관리사로 승신시킬 수 있는 권한을 갖는다.

특히 다른 혈맹과의 혈전, 혹은 다른 진영과의 전쟁 즉 다른 게이머 집단과 전투를 치러야 하기도 하는데, 공성전이나 전쟁을 할 때는 공격하려는 성의 지형상의 특징, 상대 진영의 전력 및 동맹을 맺고 있는 다른 길드들을 파악하고 이들과 지속적으로 상호작용 해야 한다. 이 과정에서 게이머는 MMORPG에서의 신분, '전사' '마법사' '도둑' 및 '군주' 등의 이야기 틀에 위치하게 되며, 게이머가 다른 게이머 즉 한 캐릭터가 다른 캐릭터들과 어떠한 상호작용을 하는가에 따라 게이머가 저마다 각각 다른 사건을 만들고, 그 사건들이 이어지게 되는 것이다.

이것은 MMORPG의 이야기 세계를 지배하는 규범에 대한 논의로 연결될 수 있다. MMORPG에는 게임회사에서 만든 게임 설정상의 규칙과 게이머들이 만들어낸 규칙[25]로 나누어질 수 있는데, MMORPG의 세계를 지배하는 이러한 규범들은 게이머들이 게임에서 설정한 이야기 장치들을 넘어 게이머 간의 상호작용에서 파생되는 다양한 이야기를 만들어내고 경험할 수 있음을 보여주는 것이기도 하다. 결국 MMORPG에서 중앙에서 계획한 상세한 이야기 흐름, 혹은 일정한 이야기의 유형이라는 것은 불가능한 것이다.

따라서 이야기를 일련의 사건 구조는 존재하지 않으며, 여기에는 플롯을 구성해내는 중심 사건이나 위성 사건과 같은 사건의 위계논리도 적용되지 않는다. 즉, 여기에서 이야기 입자들 혹은 이야기 공간은 하부 이야기 입자들의 집합으로서 각각의 항목은 동등한 중요성을 지닌다. MMORPG는 게이머들의 집단적인 참여에 개방되어 있는 다중적인 플롯을 구성한다. 여기에서 이야기는 명확한 종료점이 존재하지 않으며, 이야기는 게이머에 따라 구성된 개인적인 서사경험이 된다.

MMORPG에서 분산되고 다양화된 이야기는 시작-중간-끝이라는 완결의 형식에 얽매이지 않고, 게이머의 선택과 행위의 과정을 중시하는 형태로 이야기의 구성을 가능하게 한다. 따라서 그 과정에서 행해지는 게이머들의 상호작용 그 자체에 비중이 놓이고 나아가 그것이 전체 이야기의 진행에서 중심적 기제로 작용하는 새로운 형태의 이야기하기 양식이 구성되는 것이다.

게이머 간 상호작용이 이루어지는 MMORPG에서의 강점은 게이머에게 하나의 완성된 사건구조를 강제하기보다는 게이머 자신의 의지에 따라 사건을 유발하고 그 진행 과정을 자유롭게 경험하도록 하는 데 있다. 따라서 MMORPG의 이야기는 끊임없이 변형되며, 도달해야 할 최종적인 상태가 없는 형식(endless rhizome)의 이야기물인 것이다.

게이머, 스토리를 만들다

MMORPG는 상호작용성이라는 새로운 표현 양식을 통해 구현되며, 그것은 이야기의 구조를 바꾸며 이야기를 수용하는 양식마저 전환시킨다.

전통적 이야기물에서는 저자만이 스토리라인과 시점에 대해 결정할 수 있는 권한이 있는 등 이야기를 이루는 사건의 창조는 전적으로 저자의 몫이었다. 그러나 MMORPG에서는 상호작용성, 즉 게이머의 관여에 의해 이야기가 구현된다는 점에서 게이머는 이야기를 이루는 사건의 주체자로 혹은 위와 같은 저자의 영역을 침범하는 것으로 논의된다.

특히 MMORPG는 수많은 게이머들의 상징적 상호작용을 바탕으로 이루어지며, 게임 세계는 지속적(persistent)이고 게임의 설정은 언제나 변화 가능한 역동성(dynamics)을 지닌다는 특징을 가지고 있다. 따라서 실제 MMORPG에 대한 인위적 통제나 개입은 불가능하다. 즉, 어떤 게이머도 게임을 인위적으로 처음부터 시작하게 하거나 끝나게 할 수 없으며 게임 속의 특정한 사건을 반복시키는 것도 불가능하다.

한 명의 게이머만 게임에 참여하는 싱글 플레이를 지원하는 「디아블로2」, 「워크래프트3」와 같은 게임은 이미 정해져 진행되고 있는 이야기 틀 속에서 괴물과 싸우거나 퍼즐을 푸는 역할을 수행함으로써 실질적으로 이야기를 구현한다. 실제로 게이머가 관여하게 되는 이야기는 끊임없이 괴물들을 죽이는 임무를 수행하는 단순한 구조에 의존하지만, 게이머의 행위는 단순한 인터페이스의 조작이나 경쟁을 넘어 서사적 의미가 부여된다. 반면 MMORPG는 게이머를 구속하는 구조화된 이야기틀이 존재하지 않으며 게이머는 게임 요소들을 활용하고 다른 게이머와의 상호작용을 통해 자유롭게 이야기를 구현해내는 것이다.

MMORPG에서 게이머는 허구 세계 속의 한 인물이 되어 게임을 진행하고 이야기를 만들어간다. 즉, MMORPG에서 게이머는 이들 게임에서 제시되는 스토리를 수용하는 것이 아니라 그 스스로 사건을 낳는 행동의 주체가 된다.

게이머들마다 주어진 조건 안에서 각각 다른 서사 체험을 하고, 그것이 하나의 이야기로 남음으로써 MMORPG에서는 무수히 많은 이야기의 생성이 가능해지는 것이다. 이러한 일련의 사건 창조를 게이머가 담당하고 있다는 점에서 게이머는 사건의 주체적 행위자로 구분될 수 있다. 특히 MMORPG의 이야기는 일반 롤플레잉 게임과는 달리 전체 흐름을 강제하거나 특정한 이야기를 생성하도록 유도하지 않는다. 다만 기본적인 서사 규칙만을 갖고 있으며, 게이머는 이 기본 규칙에 의거하여 인물을 설정하고, 사건을 만들어나간다.

게이머가 어떠한 선택을 하느냐에 따라 전혀 다른 성격의 사건이 만들어지며 사건들이 진행되는 방향도 달라질 수밖에 없다. 따라서 MMORPG의 게이머들은 저마다 각각 다른 서사 경험을 하게 된다.

다음은 게이머마다 무수히 많은 이야기가 생성되는 「월드 오브 워크래프트」에서 '전사 주피터(Jupiter)'라는 게이머가 경험한 사건을 이야기로 옮긴 것이다.[26] 이 게이머는 다른 게이머들과 팀을 구성하여 괴물을 죽이고 임무를 달성하는 일련의 게임 행위를 이야기로 재구성함으로써 자신의 게임 경험을 서사화하는 것이다.

"'오닉시아'는 워크래프트 역사상의 가장 강력한 드래곤 중 하나이며, 유일한 '절대악'으로 뭉친 드래곤 '데쓰윙'의 딸입니다.

아제로스 대륙을 수호하던 5대 드래곤 중 '대지의 수호자'의 역할을 했던 '네살리온'이 다른 드래곤에게 반기를 들고 스스로 '데쓰윙'이 되어 아제로스의 대지를 파멸과 고통으로 몰아 넣은지 많은 시간이 흘러……. 어느덧 데쓰윙은 아제로스에 사는 '얼라이언스'와 '호드' 모두에게 관심 밖의 대상이 되었을지도 모릅니다.

데쓰윙이 지난 몇 년간 그의 둥지를 떠나 현재 어디에 있는지 알 수는 없지만, 그의 자식 중 하나인 '오닉시아'는 아무도 모르게 휴먼 내정에 잠입하여 알지 못하는 흉계를 꾸며 왔습니다.

'레지널드 윈저'의 도움으로 이제 '여군주 카트라나 프레스톨'이 '오닉시아'임을 알게 된 신출내기 '전사 주피터(Jupiter)'는 '7A팀'에 합류하여 '오닉시아'를 잡으러 떠나게 됩니다.

오닉시아와의 일전을 앞두고, 장비가 허접해서 체력이 너무 작다고 엄살떠시는 메인 탱커 'Arts'님.

그러나 실상 그녀의 장비는 화염 저항 셋을 이미 완벽하게 갖추고, 영약까지 먹어 체력이 엄청나게 뻥튀기된 상태.

그들 앞에 모습을 드러낸 데쓰윙의 딸 '오닉시아'. 그 '오닉시아'와의 일전은 시작됩니다.

'오닉시아'는 얼굴을 흔들며 좌우 180도 범위에 화염 저항을 무시할 정도의 강력한 브레스를 내뿜으며 앞발을 들어 공격을 하며, 무시무시한 꼬리로 '오닉시아'에 대항하는 이들을 부화장으로 날려 버리는데……. 그러나 효과적인 공격으로 '오닉시아'의 비늘에 상처를 낸 7A팀.

'오닉시아'는 가소롭다는 듯이 "혼이 더 나야 정신을 차리겠구나. 한번에 없애 주지"라며 하늘로 날아오르며 전투는 더욱 치열해 집니다.

"네 주제를 알아라. 나약한 생명체여!"라는 말과 함께 한 두 명씩 쓰러지는 동료들. 그러나 그들의 의지였을까. 결국 날개를 다친 '오닉시아'는 땅으로 내려오고.

상처 입은 몸으로 내려오면서도 마지막 발악인지, 최후의 저항인지, 사람들의 의지를 마비시키는 '광역 공포'와 맵을 뒤흔들며 용암을 뿜게 만드는 '어스퀘이크'를 작열시키는 '오닉시아'. 처절한 전투로 많은 사상자를 냈지만, 결국 쓰러진 '오닉시아'.

스톰윈드에는 오닉시아를 쓰러뜨린 것을 기뻐하는 사람들이 모여들고 동례문에는 오닉시아의 머리가 걸립니다."

한국 MMORPG의 대표주자라 할 수 있는 「리니지」역시 게이머가 경험하는 다양한 이야기가 존재한다.[27] 이 경우 게이머가 다른 게이머와 어떤 관계를 맺어 게임을 하느냐에 따라 실제 게이머가 체험하는 사건의 의미가 달라짐을 보여준다.

"…… 모든 준비를 끝내고 사냥을 나갔지만 아직까지는 사막이 상당히 어려웠습니다. 그래서 생각한 것이 여러 명이 파티를 맺은 후 사냥을 하자는 것이었습니다. 수소문을 하여 요정님들 두 명과 함께 사냥을 나가게 되었는데요. 그 결과는 매우 만족스러웠습니다. 제 아무리 거대 개미나 거대 병정개미, 심지어 스콜피온까지도 요정 3명의 활에는 당해내지 못하였고 앞에서 군주 캐릭터인 내 친구 녀석이 아이템을 안전하게 먹어줘서 먹자를 당하지 않았습니다. 더군다나 여러 명이서 하나의 목표를 쳐서 사냥을 하니 그 흔한 스틸 한번 없었습니다. 그리고 더 좋은 것은 경험치 평소보다 1.5배 정도 더 오르는 듯한 기분이었는데요. 이런 물질적인 이득을 제외하고도 정말 소중한 친구를 사귀게 되었고 오랜만에 따뜻한 정을 나누게 되었습니다. 그 후에도 여러 사람들과 파티 플레이를 한 결과 하루 만에 레벨 24를 달성하는 쾌거를 이루었습니다.……"

이상은 단순한 이야기지만 게이머는 몬스터를 잡기 위해 파티플레이하는 과정을 하나의 이야기로 그려내고 있다. 이 외에도 MMORPG 관련 인터넷 사이트마다 게이머들은 자신이 게임 세계 속에서 겪은 다양한 사건들을 이야기로 제시하고 있다. 여기에서 게임은 단순히 마우스를 클릭해 점수를 얻는 행위가 아니라 허구적인 사건을 경험하는 것이다. 그렇기 때문에 MMORPG의 이야기는 원저자가 설정해놓은 이야기 범위를 넘어선다. 즉, 이 이야기에는 원저자가 계획해 놓은 이야기 구조나 틀이 존재하지 않으며, 누구에게도 통제되지 않고 게이머만이 알고 있는 무수히 다른 이야기가 생성되는 것이다.

특히 MMORPG에서 게이머는 단순히 한 명의 물리적 세계의 사회인이 아니라 군주나 기사 혹은 요정이라는 게임 속의 가공의 인물이 되어 가상공간에 존재한다. 즉, 가상현실이라는 가공의 세계에서 게이머는 마법사가 될 수도 있고 기사가 될 수도 있다. 이들 캐릭터를 통해 게이머는 자신의 의지를 구현하는 것이다. 따라서 게이머는 캐릭터와 동일시하지만 그 동일시는 단순히 자신의 뜻대로 조종할 수 있는 차원을 넘어 캐릭터가 게이머의 몸을 대신하는 존재로까지 인식되는데서 온다. 이러한 캐릭터와의 일체감은 게이머가 생성하는 이야기에 실제감을 부여하고 자신만의 고유한 이야기로 경험될 수 있도록 하는 것이다.

따라서 MMORPG의 경우 저자로 명명할 수 있는 중앙의 통제자의 역할은 훨씬 더 축소되기도 한다. 즉, 가상의 공간에서 게이머들은 자신이 원하는 바를 할 것이며 저자의 존재는 게이머들이 자신들만의 사회를 만들어 가는 데 필요한 도구를 창조해줄 뿐이라는 지적처럼[28], MMORPG에서 저자와 수용자라는 경계는 없어지고 이야기의 고정성이 소멸되는 것이다.

원저자(게임 개발자)가 MMORPG의 게이머에게 다양한 이야기 요소와 공간을 제공하는 존재라면, 게이머는 사건의 행위자이자 그것을 이야기로 체험하는 주체이자 실제로 이야기를 구현해내는 존재들인 것이다. 그렇기 때문에 서사경험이 이야기를 읽고, 듣고, 보는 등의 수동적인 경험에서 하이퍼텍스트 유형 및 가상현실 유형의 내러티브에서 능동적인 참여로 변화하다가 MMORPG에 이르러서는 전폭적인 활동으로 귀착되는 것이다.

따라서 게이머는 새로운 이야기를 구성해내는 독립된 창조자, 저자의 위치에 가까운 것이 되는 것이며, MMORPG에서는 게이머가 이야기를 무수히 발생시킬 뿐만 아니라 계속 확장하는 다수의 저자들을 갖는다는 점에서 저자는 단수가 아니라 복수의 형태를 띠는 것이다. 한 게이머는 일군의 저자 중 부분적인 지위를 가질 뿐이지만, 그 이야기가 객관적인 실체로 구성되지 않는다는 점에서 게이머는 자신의 서사경험에 대해 독점적인 창조자의 지위를 갖는다.

디지털 시대 MMORPG의 문화적 함의

상호작용성으로 인해 이용자는 콘텐츠를 자유롭게 선택하고 검색할 수 있으며, 콘텐츠의 내용과 형식에 대한 직접적인 편집과 변경이 가능하다는 점에서 상호작용성은 이용자의 개별적인 선택과 선호도의 반영을 가능하게 한다. 이는 이야기와 관련해서도 이용자들이 상호작용성에 힘입어 저마다의 다양한 이야기를 구축할 수 있음을 뜻한다. 특히 MMORPG에서는 게이머의 참여적 속성이 이야기의 구성에 절대적이며, 또한 게이머에 따라 변형되는 유동적인 속성을 갖는다.

이처럼 디지털 테크놀로지는 공적인 성격의 이야기를 개인적인 것으로 바꾸는 많은 특징들을 제공한다. 하이퍼텍스트의 경우 여전히 선택의 제한이 존재하지만 게이머의 선택에 따라 각각 다른 이야기를 경험할 수 있으며, 컴퓨터 게임에서는 게이머 스스로 사건을 만들어 나감으로써 이야기를 진행해갈 수 있다. MMORPG에 이르러서는 자신을 재창조할 수 있는 가능성이 부여되는 등 MMORPG는 게이머의 개인성을 반영할 수 있다.

애니메이션이 움직이는 이미지를 재현하고자 하는 욕구를 다양한 방식으로 해소하면서 발전해온 것처럼 각 미디어 장르는 저마다 추구하는 의도가 존재한다. 그런 의미에서 MMORPG 장르는 간접적인 차원에 머물러 있던 수용자의 이야기 경험을 보다 직접적이고 현실과 유사해지는 실제 체감적인 것으로 만들고자 하는 욕구에 의해 추동되는 것처럼 보인다.

MMORPG에서 내용에 대한 게이머의 통제는 방송의 시청자 참여 프로그램에서처럼 단순히 시청자의 한 사람으로서 프로그램 내용에 통제력을 행사하는 집단적인 성격의 것이 아니다. 직접 게임 캐릭터를 선택하고 퍼즐을 풀거나 전투를 치르는 등의 게임행위 모두가 게이머의 개별적인 수행(performance)에 의해 이루어진다. 또한 게이머 개인이 연령, 성별 등 정체성을 스스로 구성할 수 있으며, 게이머가 다른 게이머와의 커뮤니케이션을 통해 이야기를 구성하는 등 여기에서 게이머의 경험은 개인적인 특징을 갖는다. 결국 MMORPG에서 게이머는 개인의 선호와 선택이 반영된 맞춤형(customized) 이야기를 구성해낼 수 있는 것이다.

이러한 MMORPG의 특징은 전통적으로 이야기를 규정하는 많은 요소들과 서로 모순되는데, 이는 특히 이야기 구조의 완전성, 확정성 등에서 드러난다. 즉, 상호작용성이 개입하게 되면 이야기를 창조하는 저자의 역할을 게이머와 공유하게 되고 이는 저자의 의도 아래 유기적으로 짜여지는 이야기의 구성을 일정 한도 포기해야 함을 의미한다. 게이머는 다양한 이야기 요소들을 선택하고 조작함으로써 새로운 이야기를 창출해낼 수 있게 되는 것이다.

MMORPG는 각 유형의 상호작용을 반영하는 독특한 이야기 요소 및 구조적 특징을 지니고 있다. MMORPG는 게이머의 행위에 대해 특정한 서사적 의미를 부여해주는 배경 이야기가 있으며, 또한 게이머가 선택하여 조작할 수 있는 인물 및 아이템 등의 대상물이 전체 이야기 요소에서 비중을 차지한다. MMORPG는 전통적인 이야기물과는 달리 게이머의 선택을 기다리는 각종 이야기 요소들의 계열체적 조직으로, 게이머는 그 이야기 요소들을 선택하여 이야기를 구체화할 수 있다.

이러한 계열체적 구조와 상호작용성으로 인해 게이머마다 각기 다른 내용의 이야기가 만들어지고 그 이야기는 게이머의 선택과 조작에 따라 끊임없이 변형가능성을 갖는다. 이 과정에서 캐릭터를 비롯한 아이템 등의 게임 요소들은 게이머의 지속적인 선택과 결정을 요구하는 중요한 상호작용 내러티브 장치로 기능한다. MMORPG는 게이머를 끌어들이기 위해 지속적으로 관여를 유도하는 장치를 두고 있는 것이다. 이는 디지털 시대의 이야기가 방대하고 개방되며 끊임없이 변하는 유동적인 내용들의 집합체의 형식이 될 것임을 시사하는 것이기도 하다.

MMORPG는 사건의 창조 및 배열에 이르는 과정에 게이머의 관여를 허용함으로써 게이머의 선택성을 반영한 이야기의 구성이 가능하다. 하이퍼텍스트 유형의 이야기물에서는 사건 자체를 이용자가 생성시킬 수 없으나 그 사건의 연결을 통제함으로써 다양한 이야기를 만들어낼 수 있는 가능성을 갖게 된다. 반면 MMORPG에서는 사건의 발생 자체를 게이머에게 의존하고 있는데, 게이머가 캐릭터를 움직여가며 행위를 하지 않으면 사건이 발생하지 않는다. 또한 그 사건의 연결 역시 게이머의 선택에 따라 다양하게 구조화할 수 있다.

또한 다양한 사건을 함축하고 있는 공간(event space)을 기반으로 여러 개의 하부 이야기를 형성해낼 수 있는데 이는 다양한 위성 플롯을 통해 구체화된다. MMORPG에서는 특정한 이야기를 강제하는 중심 플롯 자체가 존재하지 않으며, 이야기는 무수히 형성 가능한 플롯에 의해 구성된다. 결국 MMORPG가 게이머로 하여금 자유롭게 움직여 다니며, 그로 인한 사건의 연결이 손쉽게 변형될 수 있도록 하기 위해서는 사건들의 시퀀스가 견고하지 않은 이야기에 의존할 필요가 있음을 의미하는 것이다.

그렇기 때문에 MMORPG에서 게이머는 흔히 저자를 대체하는 존재로 논의된다. 그러나 어떤 상호작용성이 허용되느냐에 따라 게이머는 원저자의 통제하에서 이야기를 조합 혹은 구성하는 역할, 또한 구체적인 사건의 구현자이자 주어진 설정에서 다양한 이야기를 창조해내는 저자의 위치 등을 점하게 된다.

이처럼 MMORPG는 그 내용에 전통적인 이야기물에서는 불가능한 게이머의 개입을 허용한다는 점에서 커뮤니케이션 유형을 구조화하는 새로운 양식으로 주목받고 있다. 또한 그동안 이야기를 만들어내는 권한이 전적으로 저자에게 부여되어 있었던 것과는 달리 수용자에게 그 권한을 전이할 수 있다는 점에서도 중요한 의미를 갖는다.

제작과 관련해서도, 평균적인 수용자에게 얼마나 보편적인 소구력을 지닐 수 있는가가 기존 텔레비전 드라마와 같은 이야기물에서 중요시되는 측면이라면, MMORPG에서는 얼마나 다양한 취향과 선호도를 가진 게이머들을 이야기에 끌어들일 수 있는가가 그 평가의 기준이 될 수 있을 것이다. 이 경우 창작자의 능력은 하나의 완결된 혹은 완성도 높은 이야기를 구축해내는 것이 아니라 게이머들이 저마다의 개별적인 이야기 욕구를 만족시킬 수 있는 다양한 이야기를 제공할 수 있는 능력과 가능성에 따라 좌우될 것이다.

또한 이야기의 수용에 있어서도 MMORPG는 새로운 문화적 의미를 부여한다. 게이머가 같은 게임을 이용한다 할지라도 게이머가 실질적으로 체험하는 이야기는 각기 다른 것이며, 그에 대한 체험의 방식도 관조적이고 수동적인 것이 아니라 즉각적으로 판단하고 실행하는 형태로 바뀌고 있는 것이다. 이는 이야기의 수용방식에 대한 기존의 인식이 근본적인 차원에서 도전을 받는 것으로 이해할 수 있다. 즉, 전통적인 내러티브에서는 주어진 이야기를 순서대로 따라 가는 것이 보편적인 이야기 수용양식이었다. 그러나 MMORPG는 게이머의 선택에 따라 다양한 방식으로 이야기가 짜여질 수 있으며, 게이머가 선택한 파편화된 이야기 조각들로 서사경험이 이루어질 수 있음을 보여주는 것이다.

이러한 수용 양식에서의 변화는 21세기적 삶의 인식을 표현하기 위한 노력으로서 선형적 형식을 탈피하려는 것이며, MMORPG의 이야기 형식과 수용의 양상은 다수의 상반된 대안들을 동시에 마음속에 그릴 수 있도록 해주는 것이다. 나아가 이는 앞으로의 우리의 사고방식, 우리가 세계를 경험하는 방식의 일부로 구성됨으로써, 생각하는 것 그리고 산다는 것은 선택이 가능한 자아, 선택이 가능한 세계, 그리고 무한히 교차하는 다양한 삶의 이야기들을 인식하는 것이 된다. 이와 관련하여 볼터(Bolter)[29]는 디지털 미디어 시대에 다원적 혹은 다층적인 사고는 인쇄 미디어 시대의 지배적인 단선적인 사고 양식(univocal thinking) 만큼이자 당연한 것으로 여겨질 것이라고 전망한다.

주

1) Laurel, B., *Computer as Theater, Reading*, MA: Addison Wesley Publishing, 1991.

2) 권상희, 「다사용자 온라인 롤플레잉 게임(MMORPG)의 인터페이스의 의미작용 연구—리니지를 중심으로」, 『한국방송학회 2004년 봄철 정기학술대회 논문집』, 2004, pp.1-37,

3) Bolter, J. & R. Grusin, *Remediation : Understanding New Media*, Cambridge, MA ; The MIT Press. 1999.

4) 장면을 끊지 않고, 즉 편집을 통해 장면을 연결하는 것이 아니라 한번에 이어서 촬영하는 것을 말한다.

5) 몽타주는 허구적 현실을 만들어내는 20세기 영화의 주요한 미학적 특징으로, 여러 요소 간의 시각적, 스타일적, 의미론적, 감정적 불일치를 창조하는 것을 목적으로 다양한 영상요소들을 병치하는 것이다.

6) Gasperini, J., *The Role of Ambiguity in Multimedia Experience*, R. Jacobson(ed.), Information Design, pp.73-89, London: Sage, 1999, pp.305-309.

7) Landow, G., *Hypertext 2.0: The Convergence of Contemporary Critical Theory and Technology*, Baltimore: Johns Hopkins University Press, 1997.

8) Aarseth, E., *Cybetext: Perspectives on Ergodic Literature*, Baltimore & London: Johns Hopkins Unisersity Press, 1997.

9) 최정윤, 「다사용자 온라인 게임의 상호작용과 가상현실 경험에 관한 연구」, 『이화여대 대학원 신문방송학과 석사학위논문집』, 2000.

10) Turkle, S., *Life on the Screen: Identity in the Age of the Internet*, New York: Simon and Schuster, 1995.

11) Darley, A., *Visual Digital Culture: Surface Play and Spectacle in New Media Genres*, London: Routledge, 2000.

12) Crawford, C., *The Level of Interaction, Journal of Computer Game Design*, 1987.

13) Ellis, J., *Visible Fictions: Cinema: Television: Video*, London: Routledge

and Kagan Paul, 1982, p.81.

14) Murray, J., *Hamlet on the Holodeck: The Future of Narrative in Cyberspace*, New York: The Free Press, 1997.

15) Murtaugh, M., *The Automatist Storytelling System*, MIT MS Thesis. 1996.

16) http://www.worldofwarcraft.co.kr/info/new_read.jsp?seq=57&code=050302

17) 박동숙·최정윤, 「온라인 게임의 가상현실 경험에 관한 연구 : 리니지를 중심으로」, 『프로그램 텍스트』 제3호, 2000, pp177 -213.

18) 게임상에서 무기, 돈, 음식물, 힘의 수치 등을 형상화해서 그것을 얻었을 때 점수나 힘, 생명력, 무기 등의 힘을 올려주는 역할을 하는 것으로, 무기, 갑옷, 보석 및 각종 물약 등의 것으로 구체화된다.

19) 「리니지」의 아이템은 체력을 회복시켜주거나 특정한 능력을 부여하는 물약, 칼이나 활 등과 같은 무기, 갑옷, 투구, 반지 등은 물론 캐릭터가 먹을 수 있는 고기, 채소 및 혈원에게 편지를 보낼 수 있는 편지지 등이 있다. 아이템에는 특정한 캐릭터에게만 부여되는 아이템, 특별한 기능을 발휘하는 아이템, 예를 들어 특정한 괴물에게만 더 강한 타격을 줄 수 있는 칼 등이 있다. 예를 들어 '레이피어'라는 칼의 경우 은과 비슷한 광물로 제작되어 있기 때문에 언데드 괴물에게 두 배의 타격치를 주는 것으로 설정되어 있다. 그 외 창이나 도끼 등 무기나 방어구 등도 이러한 방식으로 특정한 기능이 부여되어 있다. 또한 세트로 착용했을 때 부가적인 능력이 부여되는 아이템이 있는데, 구체적으로 「리니지」에서 '오크족 세트 아이템'의 경우 보너스 수치를 얻을 수 있는데, 이 아이템은 '오크족 투구' '오크족 고리 갑옷' '오크족 망토' '우럭하이 방패'로 구성되며, '마법사의 옷'과 '마법사의 모자'로 이루어진 '마법사 세트 아이템'은 '마법사'들만 사용가능한 아이템으로 마법능력을 높여준다.

20) 이러한 아이템은 모두 제각각 이름이 있으며, 착용 가능한 캐릭터 유형, 사용하는 법, 사용했을 때의 효과가 정해져 있다. 예를 들어 「리니지」에서 '마법사의 옷'은 마법사가 착용하는 것으로 푸른 옷감 4개, 하얀 옷감 2개, 최고급 사파이어

1개, 마력의 돌 25개를 '기란' 영지 내에 있는 주술사 '모리야'에게 주면 만들 수 있으며, 마법사 모자와 함께 입으면 능력이 50만큼 향상되는 것'으로 설정되어 있다.

21) 「리니지」의 '요정' 캐릭터의 경우 아이템을 채집하여 다른 아이템을 만들 수 있는 능력이 있기 때문에 실, 거미줄, 나무열매, 껍질, 돌, 뿔 등 일종의 재료인 아이템이 따로 있으며 이들 채집아이템을 가지고 칼, 도끼, 방패, 장화, 망토 등 무기류에서 방어구에 이르는 다양한 아이템을 생성해낼 수도 있다.

22) 「리니지」의 공간은 1998년 9월 처음 서비스를 시작한 이후 계속 확장되고 있는데, 초기의 기본틀에서 '화전민 마을', '요정의 숲' 등이 생겨났으며, 2002년에는 '오렌 영지'가 추가가 되었다. 「리니지」의 각 영지는 선형적인 구성이 아니라 망과 같은 유형으로 구성된다.

23) 키보드를 통한 채팅이라는 언어적 수단과 주로 마우스로 조작하는 게임 속의 캐릭터의 행동이라는 비언어적 수단을 통해 게이머들은 다른 게이머와 상호작용을 하며 게임 세계를 경험하고 만들어간다. 구체적으로 '전체 채팅창', '귓말'이 그 장치로 채팅창에서는 일반적인 인사말, 개인적인 이야기들, 게임 정보, 게임 내에서 도움을 요청하는 등 여러 가지 내용이 교환되며, 또 '귓말'은 남이 엿듣기가 불가능하기 때문에 다른 사람이 들어서는 안 되는 내용, 예를 들어 다른 게이머를 협공하려고 작전을 짠다던가 하는 상황에서 이용될 수 있다. 캐릭터의 행동의 범위는 걷거나 달리거나 아이템을 줍거나 떨어뜨릴 수 있고 칼이나 활 등의 무기로 상대를 치거나 마법을 쓰는 정도로 제한적이다. 채팅과 캐릭터 행동의 조종이라는 언어적, 비언어적 수단을 통해 리니지에서의 게이머들 간의 커뮤니케이션이 이루어진다.

24) Mortensen, T., *Playing with Players: Potential Methodologies for MUD*, Game Studies, Vol. 2, issue 2. 2002.

25) 게임사에서 설정한 규칙 중 PK(player killing : 다른 게이머 캐릭터를 살해하는 행위)에 대한 게임 설정은 다른 게이머를 죽인 캐릭터는 성향치가 카오틱(chaotic)으로 변하고 카오틱이 된 캐릭터는 많은 몬스터를 죽여야만 성향치가 도시 로우

풀(lawful)로 되도록 되어있다. 또 로우풀로 만들었다 하더라도 PK를 한지 24시간 내에 경비병에게 발견되면 죽게 되며 다른 게이머가 카오틱 성향의 캐릭터를 죽이면 카오틱이 되지 않고 경험치가 쌓인다. 이러한 게임 설정은 처벌과 보상을 주어 PK는 가능하되 그것이 게임 안에서 게이머들끼리 해결할 수 있도록 한 것이다. 한편, 게이머들이 설정한 규칙에는 '선'이라는 것이 있는데, '선'은 먼저 몬스터를 공격한 사람이 그 몬스터에서 나오는 아이템을 차지하는 것으로 게이머들 사이에 공동의 규범이다. 이러한 규범 형성 근거는 몬스터가 처음 공격한 게이머 캐릭터에게 공격을 주로 가했기 때문이었고 따라서 함께 공격을 하더라도 다른 게이머에 비해서 처음으로 공격한 게이머가 더욱 위험하기 때문이다.

26) http://www.worldofwarcraft.co.kr/news/report/view.jsp?seq=62&mode=DN#.

27) http://bbs.lineage.co.kr/lineage/new_ announcement/aden.

28) Morningstar, F. & F. R. Farmer, *The Lesson of Lucasfilm's Habitat*, in M. Benedict(ed.) Cyberspace: First Steps, pp.273-302, Cambridge: MIT Press, 1991.

29) Bolter, J., *Writing Space: The Computer, Hypertext and The History of Writing*, Hillsdale, New Jersey: Erlbaum, 1991.

디지털 게임의 미학 온라인 게임 스토리텔링

초판발행 2005년 8월 5일 | 2쇄발행 2006년 7월 20일
지은이 전경란
펴낸이 심만수 | 펴낸곳 (주)살림출판사
주소 413-756 경기도 파주시 교하읍 문발리 파주출판도시 522-2
출판등록 1989년 11월 1일 제9-210호
전화번호 영업·(031)955-1350   기획·(031)955-1370~2
         편집·(031)955-1362~3
팩스 (031)955-1355
e-mail salleem@chol.com
홈페이지 http://www.sallimbooks.com

ISBN 89-522-0418-2 04080
     89-522-0096-9 04080 (세트)

* 잘못된 책은 구입하신 서점에서 바꾸어 드립니다.
* 저자와의 협의에 의해 인지를 생략합니다.

값 3,300원